JN410233

장수나무

국립중앙도서관 출판시도서목록(CIP)

장수나무 : 이태옥 수필집 / 글쓴이: 이태옥. --
서울 : 북랜드, 2017
p.320 ; 15.2 × 22.4cm
ISBN 978-89-7787-735-1 03810 : ₩12000

한국 현대 수필[韓國現代隨筆]

814.7-KDC6
895.745-DDC23 CIP2017025233

이태옥 수필집

# 장수나무

**인쇄**| 2018년 1월 25일
**발행**| 2018년 1월 30일

**글쓴이**| 이태옥
**펴낸이**| 장호병
**펴낸곳**| 북랜드
06252 서울 강남구 강남대로 320, 1108호(황회빌딩)
대표전화 (02) 732-4574 | (053) 252-9114
팩시밀리 (02) 734-4574 | (053) 252-9334

**등 록 일**| 1999년 11월 11일
**등록번호**| 제13-615호
**홈페이지**| www.bookland.co.kr
**이-메 일**| bookland@hanmail.net

**책임편집**| 김인옥
**교 열**| 배성숙



ISBN 978-89-7787-735-1 03810



값 12,000 원

# 장수나무

이태옥 수필집

북랜드

머리말

# 홀로 또는 함께 살아온 여정, 인생 이야기

세상 살면서 나는 늘 사회생활에 익숙하지 못하고 어눌하다는 생각을 떨칠 수가 없었다. 생활에 능숙함이 없으니 세상과 괴리되어 고독을 즐기고 속으로만 삭이는 습성을 만든 지도 모른다. 이로 인해 홀로 마음속으로 새기고 사색에 잠기기를 좋아했다. 이런 생활습관이 문학을 좋아하고 종교에 심취하는 계기가 된 것 같다.

문학을 통하여 나와 삼라만상의 존재를 새삼 깨닫게 되고 또한 세상을 사랑하고 살 만한 가치를 알게 되는 동기도 되었다. 글은 내 사색의 거울이기 때문에 나의 글쓰기 작업은 늦은 나이에도 계속되고 있는 것이다.

수필집을 처음 상재한 지 10년이 넘도록 세월만 허송하다가 이제야 2권을 발간한다는 것이 나태한 모습만 내보이는 꼴이라 심히 부끄럽다. 문필가로서 문학세계의 주인 행세를 못하고 손님처럼 문학의 변두리만 헤매는 것 같은 자신이 마음 한편으로 불편했다. 이런 마음을 헤아려준 가족의 성원과 문우의 독려로 세상에 나의 분신 하나를 감히 다시 내놓는다. 그러나 세상에 대한 창의력이 점차 취약해서 잘 익은 열매, 곰삭은 작품 하나도 옳게 건지지 못하고 몇 년 동안 여러 곳에 발표된 것도 같이 묶어 이미 낯익은 것들이 많다. 나이 탓인지 생각이 회상과 그리움 속으로 빠지는 것은 어쩔 수 없는 인지상정이라 여겨진다.

등단할 때의 소감에서도, 지난 번 수필집의 작가 변에서도 '세상의 모든 것을 사랑하고 진실하게 쓰겠다'고 말만 무성하게 하고는 지금 돌아보니 결과적으로 옳게 실천에 옮기지 못했다. 세상일들이 뜻과 같지 않음을 새삼스럽게 생각하게 한다. 오묘한 진리의 세계와 지고지순한 사랑의 경지는 생명이 다하는 순간까지도 추구해야 할 삶의 목표이며 내 종교적 이상이기도 하다. 고희를 넘기고도 아직도 어설픈 생의 노정에서 글마저도 숙성되지 못함을 고백하면서 다만 쉽게 접할 수 있는 수필의 특성을 고려해 누구나 쉽게 다가가는 인생 이야기, 같이 살아 온 삶의 여정을 산책하면서 공감의 장이 되기를 기원한다.

끝으로 책의 출간을 학수고대하며 내조한 아내와, 사랑해준 것보다 더 많은 것들로 말년에 호사와 기쁨을 선사한 아들 딸 사위들에게 감사할 따름이다. 또 물심으로 도와주신 권숙월 시백과 졸고를 흔쾌하게 평해주신 장호병 수필가, 표지화를 선뜻 내준 화가 박영준 선생께 깊이 감사드린다.

2017년 10월 이태옥

# 차례

## 2 장수나무

## 3 뒤안

## 4 붉은 사슴섬

# 1
# 고지기

# 풋사랑

자전거 페달을 밟다가 꼭 멈추어야 할 곳이 있었다. 초등학교 졸업하면서 손가락 걸고 약속한 언약 때문이다. 이제는 잘 만나지 못할 것이니 오가는 길에 인사나 하자고 한 약속을 나는 자전거로 지켰다. 그 약속은 걷고 있는 여학생 틈에 있는 C를 위해서 가다가 자전거의 속도를 조금 줄여 정거를 잡는 것이었다. 1년을 그렇게 지켰다.

C는 나보다 한 학년 위였다. 작은 시골 학교인지라 선생님 한 분에 두 학년이 합반을 해서 양쪽으로 나눠 수업을 받았다. 그러다 보니 학년 개념도 없이 친구처럼 그렇게 지내온 시골 학교였다. C는 단정하고 예쁘장하여 선생님의 사랑을 독차지하고 있었다. 한 살 많은 누나일 텐데 알고 보니 나이는 같았

다. 그러나 C는 늘 나를 동생같이 대하여 누나 역을 했다.

한번은 면 단위 학력고사가 있는 날이었다. 벌국재를 넘어 빛내를 지나 구성까지 40여 리를 걸어 시험을 치러 가야 했다. 담임선생님은 5, 6학년 중에는 나밖에 자전거를 타는 학생이 없고 그중에 덩치도 크고 반장이라고 나를 지명하더니 몸이 아프다는 C를 데리고 자전거를 타고 가라는 공개적 명령을 내렸다. C가 빠지면 학교 성적에 영향이 크니 시험을 치르도록 해야 된다는 설명까지 덧붙였다. 나는 C와 함께 자전거로 먼저 출발을 했다. 말이 신작로지 요즘에는 어느 시골에서도 볼 수 없는 시골 찻길이다. 길은 모래가 많은 데다 자갈마저 같이 깔아 놓아서 자칫 미끄러지기 쉬웠다. 더구나 벌국재는 험하기로 유명한데 도로 옆 산으로는 헌 고무신이며 군화 같은 것이 그대로 흩어져 있어 혼자 걷기에는 무섭기조차 하다. 6.25 한국 전쟁 때 인민군이며 그 후 보도연맹이라는 사람들을 처형한 곳이기도 했다. 이런 고개를 몇 개나 넘어야 하는 험한 신작로 길이었다.

재를 넘을 때는 몇백 미터를 걸어야 했다. 둘이는 멋도 모르고 조잘대면서 걸어서 오르고 내리막길에서는 신나 했다. 아프다는 애가 너무 잘 지껄이고 웃는 것이 좀 어린 마음에도 꾀병 아닐까 의심도 했다. 기분이 좋아진 듯 체면 없이 좋아했다.

이때 차가 한 대 왔다. 소위 육발이 재무시가 덩치를 뽐내며 먼지를 자욱하게 달고 달려들었다. 덩치 큰 차라 조심스레 비킨다는 것이 바람에 날리듯이 옆으로 빠지면서 모래에 미끄러져서 넘어졌다. 먼지가 자욱한 가운데 중심을 잡지 못하고 길 옆으로 떨어지는 순간 C도 내 위로 덮쳤다. 이제 막 모를 심으려고 논을 써레로 잘 다듬어 놓은 논바닥이다. 나는 완전 국해 흙 마사지를 한 꼴이었다. 다행히 C는 내 몸 위로 덮치는 바람에 치마만 적시었다. 둘이는 멍청하게 섰다가 옆 도랑으로 자리를 옮기고 옷이며 몸을 되는 대로 씻었다. C는 무엇이 그리 우스운지 연신 미소가 끊이질 않는다. 웃는 낯에 침 못 뱉는다고 나도 따라 헛웃음을 쳤다. 아랫도리 바지는 그런대로 씻어 입었지만 윗도리가 문제였다. 씻고 또 씻있지만 비누도 없는데다 국해 흙은 잘 빠지지 않았다. 나의 울상을 보고도 C는 그저 생글거리기만 했다. 한참을 그렇게 방정을 떨다가 C가 손뼉을 치는데 얼굴이 밝았다. 멍청히 섰는 나에게 "그래! 우리 엄마가 나 아프다고 옷을 사 주셨다." 하며 보자기를 풀어 셔츠 하나를 내놓았다. 안성맞춤으로 남녀 구별이 별로 없는 옷이라 입고 보니 그럴 듯했다. C는 좋아라고 깔깔대면서 옷에 달린 문양을 뜯고서 남자 옷으로 고쳐 놓았다. 겨우 임시방편으로 차려 입은 옷에 아무도 의아해하는 이는 없었다.

이 사건이 있은 후부터 C는 나와 가까워져서 늘 말없이 한

편이 되는 일이 많아졌다. 그 시절에 귀한 초콜릿을 어디서 구했는지 나에게 몰래 전해주기도 했다. 나는 선물 하나도 마련하지 못하는 죄로 몰래 그의 길목을 자주 지키면서 미안함을 대신했다. 학교를 오가는 동행이 행복했다. 어린 마음에도 남의 눈을 피하느라 애를 태우기도 했다.

그러나 시간은 빨랐다. C의 졸업이 다가오고 있었다. 지금부터 만나지 못할 것 같은 예감에 밤늦도록 헤어질 줄을 몰라 했다. 나는 초등학생이지만 C는 이제 중학생이 된다는 것이 왠지 불안했다. 그날 밤 C는 애틋한 마음을 이기지 못해 다음 해에 중학생이 되면 자주 만나자고 약속을 했다. 그 사이 서너 번 만났는데 훌쩍 일 년도 잠시 지나고 내가 중학생이 되었다. 자전거를 타고 나서면 저쯤 해서 그는 다른 여학생과 같이 걷고 있었다. 중 2학년인 C는 이미 내가 봐도 너무 예뻤다. 어느 늦은 귀가 시간에 검은 단발머리에 흰 칼라에 허리를 잘록하게 동여맨 C를 발견하였다. 처녀티가 완연한 것이 1년 사이에 많이도 변해 있었다. 밤에만 몇 번 만났지만 이렇게 커버린 처녀인 줄은 몰랐다. 우리는 아침마다 만나지만 인사방법이 없었다. C는 이렇게 제안했다. 자전거를 타고 가다가 정거를 살며시 잡고 지나가면 인사한 거나 다름없으니 둘이만 알고 행하자는 약속이 이루어졌다. 그리고는 아침마다 빠짐없이 자전거 인사를 열심히 했다.

그렇게 일 년은 지나고 C가 3학년이 되면서 걸어가는 여학생 틈에 자주 보이질 않았다. 어느 때는 몇 주를 그렇게 보이질 않으니 답답한 노릇이었다. 오늘은 토요일이라 조금 일찍 하교해서 길목을 지켜보기로 했다. 그런 중에도 들리는 말에 의하면 고등학교의 형하고 사귄다는 말까지 들리었다. 몇 시간을 기다리다 이제 가려고 나서는 순간 저 멀리서 어둑어둑한데 혼자 걷는 여학생이 나타났다. 둘은 소나무 숲이 있는 새터에서 앉아 이야기를 했다. 중학생이 되어 1년 여를 지나오는 동안 단정하게 앞만 보고 걷는 그에게 나는 열심히 약속을 지켰지만, 그는 오늘 무표정하게 아무 반응이 없었다. 내 놀던 어릴 적 생각만 한 내가 착각이었나 보다. 그는 말없이 울고만 있었다. 분명히 무슨 일이 있으리란 짐작도 했지만 이제 보니 더욱 확실해진 것을 알았다. 나는 더 자전거 인사를 할 필요성이 없어졌다. 마음은 아팠지만 어쩌랴. 그렇게 단념하고 시간은 흘렀다. 그 뒤로 C는 차츰 모습조차 보이질 않았다. 아마도 그 형과 사귀면서 자전거로 태워 준다는 것이 사실인 것 같았다. 졸업을 하고서는 어디론가 그 동네에서도 이사를 가버린 듯했다. 더는 마음을 쓰지 않기로 했다.

나의 첫사랑은 이렇게 가 버렸다. 너무 조숙한 사랑이 남긴 상처는 쓰리었다. 설레는 마음은 아직도 그대로인데 아스라이 그리움만 남기고 그는 철새처럼 훌훌 날아가 버렸다.

연전에 어느 상갓집에서 그와 의남매 맺은 형을 만났다. 그 형은 내 친구의 친형이었다. 안부를 묻고 그의 행방도 알고 싶었지만 그만두기로 했다. 알면 뭐하며 알아서 무엇하리 하는 체념과 이순 중반에 만나면 오히려 첫사랑의 환상이 깨어질까 하는 두려움이 앞섰다.

그는 지금쯤 이순 중반의 할머니가 되어 옛날을 회억하며 사는지도 모르겠다. 가끔은 생각도 나지만 그리움만으로 간직하고 싶다. 오히려 첫사랑의 단발머리 여학생 그대로만 간직하고 싶다.

첫사랑은 애만 태우고 그리움만 남기고 떠나는 철새이다. 이별이 없으면 아픔이 없으면 누가 첫사랑을 그리워하고 더 애태우리.

(2009. 2. 7.)

## 행운의 클로버

세상 살면서 운명이란 것을 들먹일 때가 있다. 사는 일이 뜻대로 안 될 때가 많다는 것은 누구나 한 번쯤 절실히 느끼는 일이다. 인생의 절벽을 앞에 두고는 운명으로 돌리고 포기하고 돌아서는 경우도 많다. 이처럼 삶의 과정은 되는 일보다 안 되는 일이 더 많다는 것을 절감하게 한다. 그래서 산다는 것은 고생의 연속이라는 늘상 듣는 소리가 실감이 더 난다.

나는 크리스찬이면서도 세상이 말하는 운명에 대하여 심각하게 생각해본 적이 한두 번 넘게 있다. 운수라는 것도 인정한다. 인간의 운명이나 운수를 하나님의 섭리라고 본다면 그리 틀리는 말은 아닌 듯도 싶다. 막내가 대학에 들어가면서 나도 모르게 믿음이 생겼다. 그것은 내가 믿어 의심치 않는 네잎클로버에 대한 나의 신념이다.

큰아이 대학 입시를 앞두고 나는 우연찮게 소변을 보는 중에 길가에서 네잎클로버를 발견했다. 왠지 마음에 됐다는 믿음이 생겼다. 그뿐 아니라 둘째 애 입시를 앞두고도 집 앞 주차장을 서성거리다가 네잎클로버를 만났다. 그때도 마음이 놓이고 한시름 잊고 지냈더니 희소식이 들렸다.

그런데 막내는 입시가 다가와도 아무런 꿈도 클로버도 나타나지를 않았다. 내심 앓으며 일 년을 그렇게 보내고 시험기를 맞았다. 시험에 확신이 서지 않았다. 입시에서 결국 본인의 마음에 없는 대학에 입학하는 결과를 만들었다. 한 학기를 다니고 휴학계를 내고는 한 학기 개인 공부를 했다. 집안에 수북이 쌓인 책을 얼른 치우고 싶지만 아직 입시 책을 한 권도 버리지 못하는 마음에 속만 타들어 갔다. 내년에는 무조건 버리겠다는 희망을 불태우지만 이것도 합격이 되어야만 가능한 일이라 속만 까맣게 태울 뿐이었다. 10월 초순쯤에 마당을 거닐다 네잎클로버를 발견했다. 우연히 발견된 것이어서 더 확신이 갔다. 옳다 이젠 됐다고 마음속으로 쾌재를 불렀다.

나는 네잎클로버를 신주 모시듯 고이 뜯어서 제일 잘 보이고 제일 소중히 여겨온 백자에 붙여 놓고 회심의 미소를 지었다. 앞날에 긍정적인 일이 있으리라는 마음과 무엇인가 될 것 같은 예감이 좋았다. 별로 초조해 하지 않고 합격통지서를 기다렸다. 본인이 원하는 과에서 먼저 소식을 전해왔다. 다른 대학에 갈 의향이 있는지 타진해오는 거로 봐 합격은 틀림없는 것으로 여겨졌다. 이로써 네잎클로버에 신념은 나의 굳건한 신조로 자리했다. 한갓 전해오는 일화 정도로 여기다가 나에게는 아이들이 대학에 들어갈 때마다 보이지 않던 것이 나타나 그냥 우연이라기에는 너무 신기하게 여겨졌다.

살면서 꿈이나 숫자도 예사로 그냥 넘기지 않고 생각한다. 신앙인이 그런 것을 믿느냐고 할지 모르나 꿈이나 반복되는 숫자가 하나님이 주시는 계시일지도 모른다는 생각 때문이다. 오히려 신앙인이기 때문에 더 계시를 중시하고 사는지도 모른다.

막내가 막 군에 입대하고 큰애가 좋은 배우자감을 만나 결혼이 성사되느냐 마느냐 하는 중이었다. 내 딴에는 내심 혼처를 놓칠까 전전긍긍하는 중에 우연히 길에서 행운의 네잎클로버를 만났다. 옳다, 이때부터 이제는 됐다는 마음에 다시 회심의 미소를 지어 가면서 걱정을 덜었다. 막내의 부대 배치도 마음에 들었고 큰애의 혼사도 순조롭게 진행되는 기쁨도 맞았다.

길몽으로 인하여 아침이 즐거우면 하루가 좋고, 내가 상서로운 수라고 여긴 숫자가 나에게 오면 좋은 일이 있으리라는 기대감이 나를 설레게 한다.

네잎클로버도 마찬가지다. 세상이 노력만으로 안 되는 일도 허다하다. 그래서 운명도 생각하고 행운도 기원하는 것 아닌가. 나에게 네잎클로버는 누가 뭐라 해도 행운의 징표다. 네잎클로버는 상서로운 풀이요 우연이라기에는 나에게 너무 많은 것으로 믿음을 선사하였다. 프랑스의 나폴레옹에게는 죽음을 면하게 해서 행운이라고 한다지만 나에게도 그 이상의 좋은 일을 계시하는 풀이다.

우리 집 거실에는 예수님 초상화가 하나 걸려 있다. 세상의 온갖 고초를 다 겪은 예수님 초상에다 클로버를 테이프로 붙여 놓고 자주 옛날을 추억하는 공간을 만든다. 예수의 초상화에 행운의 네잎클로버를 하나하나 붙일 때마다 소망을 빌고 되리라는 마음으로 기원한다. 원근을 가리지 않고 국내외를 가리지 않고 네잎클로버가 있는 곳이면 장소와 시간을 초월하여 수집하는 중에 예수님 초상화가 온통 네잎클로버로 채워졌다.

"믿음은 바라는 것들의 실상이요 보이지 않는 것들의 증거니라."

# 고지기

동네 사람들은 모두가 그 집을 두고 '고지기네'라고 불렀다. 내가 태어나서 세상을 조금 인식했을 때, 마을 사람들이 고지기네 아저씨에게는 말을 놓고 지낸다는 사실을 알았다. 나는 어려서 영문을 잘 몰랐지만 장가든 남정네들은 그에게 말을 놓고 지냈다. 그와는 반대로 고지기는 마을 어른들에게나 청년들에게 절대로 말을 놓는 일이 없었다. 고지기는 우리 마을 제실 앞 초가집에 살면서 제실을 지키는 하인이었다. 내 어린 시절 동네 종이었다.

고지기 부부는 온 동네의 일을 봐준다. 특히 길사와 흉사 때의 잔심부름과 뒷일, 그리고 궂은일을 다 도맡아 하는 충직한 동네의 머슴이었다. 고지기는 슬하에 아들 하나와 딸 둘을 두었다. 아들은 나와 나이가 비슷하여 늘 같이 잠자리 잡던 나 어릴 적 불알친구였다.

고지기 아들, 내 동무 또출이는 한여름 날이면 또래 조무래기들과 참외 서리를 하고, 매미를 잡으러 나무에도 오르며, 오후에는 나를 따라 논매는 수부들에도 술 주전자를 들고 같이 다녀오기도 했다.

그 날도 또출이와 나는 치마바위 쪽에 올라 집게벌레를 잡아 싸움을 붙이고 놀다가 헤어졌다. 저녁 무렵에 또출이 어머니가 저녁밥을 해놓고 아들을 찾아다녔다. 날은 저물어오고 땅거미가 막 지려는데 또출이를 부르는 어머니의 소리는 온 동네를 휘돌다가 골짜기로 사라지곤 했다. 하나둘 동네 어른들이 모여들고 또출이 부르는 소리는 허공만 맴돌았다. 들에 나간 어른들과 일꾼들도 다 모였다. 낮에 같이 다닌 나와 조무래기들은 어른들의 묻는 말에 대답하느라 정신이 없었다. 그 중에 하나꼬가 본 시간이 제일 뒤라는 결론이 내려졌다. 하나꼬가 마지막 본 것은 또출이가 옷을 벗고 헐레벌떡 동구 밖으로 내달리더라는 것이다. 하나꼬의 말대로 모두들 동구 밖의 연못가로 모여들었다. 동네 사람들은 예감이 불길하였던지 아무도 말은 하지 않았지만 모두들 연못 둑에 모였다.

구조 도구로 긴 장대가 동원되고, 또출이 아버지는 막무가내로 연못으로 뛰어들어가 사람들이 말리고 야단법석이 벌어졌다. 어른들은 장대로 깊은 연못을 휘저어 가던 중, 길용이 아버지의 장대에 뭔가 이상한 감이 온다고 고개를 갸웃거리더니 장대를 멈추고 옷을 벗고 물속으로 물질을 하여 들어갔다. 사람들은 숨을 죽이고 섰는데 순간 모두가 '허허' 개탄하는 소리와 함께 또출이는 길용이 아버지 손에 들리어 나왔다.

인공호흡을 시켰다, 혹은 또출이를 거꾸로 들고 물을 토하게 했다. 또 질매에 애를 눕히기도 했다. 가지가지의 소생 방법이 동원되었지만 또출이는 더 이상 살아날 기미가 없었다. 또출이 어머니는 몸부림을 치며 울부짖어 보는 이들을 가슴 아프게 울렸다. 그러나 죽은 또출이는 아무런 말이 없었다. 모두들 이젠 길이 없다고 탈기를 하며 눈물을 머금고 한 생명을 애달프게 보내야만 했다.

고지기 부부는 어린 외동아들을 지게에 지고 날이 새기도 전에 자기들만 아는 동산에다 고이 묻어 주었다. 고지기는 점점 말이 적어졌고 또출이 어머니는 더 심하게 마음고생을 치르는 듯했다. 또출이 어머니가 우리만 만나면 부여잡고 우는 바람에 우리는 골목길을 가다가도 또출이 어머니만 보면 얼른 몸을 피해야만 했다. 고지기 부부는 얼빠진 얼간이 모양 남의 경조사가 닥쳐도 옛날 같지 않게 소홀히 하고 도우려고 들지를 않았다. 그런 와중에 고지기의 큰딸은 외간 머슴과 배가 맞아서 둘이서 야반도주夜半逃走를 해 버렸다. 이래저래 겹치는 악재로 고지기 부부는 마을 사람들 마음속에서 멀어져만 갔다. 성질도 차츰 고약해지고 몸도 게을러져서 남의 일하기를 꺼리기 시작했다.

해방도 되고 6·25 사변도 일어나고 세상이 바뀌기 시작하는 시점의 어느 봄날, 집집마다 큰 사냥개들의 포효하는 소리가 서당골을 진동시키더니 온 동네에 술 조사가 나왔다고 설렁거리고 있었다. 양복을 잘 차려 입는 두 청년이 대나무 창을 들고 무작정 집집이 들어가서는 방이고 부엌이고 장롱이고 뒤주고 할 것 없이 뒤지는 가택 수색이었다. 무소불위의 조사원은 일본 순사보다 더 무서운, 시골 사람에게 공포의 대상이었다. 법도 모르는 시골 사람은 그냥 당하고만 있었다. 없으면 그만이지만 밀주가 발각되면 벌금을 물어야 하고 곤욕을 치른다. 불법 가택수색은 무자비하게 이루어졌다.

이런 경우 대부분은 구장댁에서 미리 알아서 술대접에다 닭까지 잡아 융숭히 하면 술이 취해 그냥 가기 일쑤인데 이날만큼은 그렇지가 않았다. 보통은 세무서원이라고 구장 집에 들면 그 사이 집집마다 은폐를 해서 잘 넘기는데 이놈들은 다짜고짜로 밀주조사를 시작했다. 몇몇 집에서 술단지가 나오고 술 조사원들은 의기양양해 집집이 돌았다.

시우 삼촌이 그들을 막아섰다. 지금 막 군에서 휴가 나와 군복도 벗지 않고 보고 섰다가 집으로 들어오는 그들을 가로 막았다. 나는 어린 마음에 간이 콩알만 하여 가슴이 콩콩 뛰고 있었다. 여태 그들을 막아서는 사람이 아무도 없던 차라 겁에 질린 나는 숨이 막힐 지경이었다. 그러나 그들도 쉽게 물러서지 않았다. 그 시대의 밀주조사원은 정식 직원인지 깡패무리를 데리고 온 건지 알 수도 없었다. 이를 악용한 자들이 시골에서는 아무도 저지하지 않는다는 것을 알고는 저희끼리 의기투합해서 오는 경우도 없잖아 있었다. 어느 놈이 암까마귀인지 수까마귀인지를 알 리가 없다. 이들도 보통 싸움꾼이 아닌 듯 했다. 시우 삼촌과 이대 일의 싸움이 시작되었다. 동네 사람들은 겁으로 떨고 섰다. 한편에서는 재빠르게 술 단지를 옮기느라 술렁거리고 이런 판국이라 시우 삼촌은 두 놈에게 직사하게 당했다. 이래 두다가는 큰일이라 내 어린 마음도 조마조마하기만 했다.

이때였다. 어디서 곡괭이를 들고 나타난 사나이, 고지기가 한 장정을 향해 돌진하는가 싶더니 한 놈이 나가떨어졌다. 허벅지 살점이 곡괭이에 찍혀 나오고 조금 있으니 피가 마당을 적시기 시작했다. 순식간에 일어난 일이라 멍청히 보고 있는데 다른 한 놈은 줄행랑을 놓았다. 곡괭이에 찍힌 놈도 제 발로 걸어서 동네를 나가 사라졌다. 동네는 조용하고 밤은 깊어 갔다.

고지기는 그날 밤에 바로 권속을 이끌고 동네를 떠 버렸다.

또 시우 삼촌도 다음날 새벽녘에 군부대로 귀대해 버렸다. 동네 어른들은 걱정이 태산이었다. 언제 밀주조사나 산감이 나타나 가혹한 조사와 행패가 시작될지 앞으로 벌어질 일을 고민하는 것 같았다. 동네는 며칠간 무서운 정적에 싸였다. 언제 불쑥 나타날지 모르는 세무서원이 공포의 대상이었다. 그런데 일 주일이 가고 열흘이 지나도 아무런 일이 일어나지 않았다.

답답해서 견디다 못한 동네 어른과 구장이 세무서를 찾기로 했다. 슬며시 세무서에 정황을 알아보고 와서는 동네에 생기가 돌았다. 구장의 설명에 의하면 그 두 사람은 정식 세무서원도 아니고 더구나 세무서와는 상관없이 공갈 협박하며 사기를 치는 가짜 조사원이었던 것이다. 이 사건이 난 후로 이웃동네에 소문이 났던지 밀주조사는 발걸음을 하지 않았다. 그렇게 잦던 밀주조사뿐 아니라 산림조합에서 도벌 감시하는 산감山監조차 오지 않았다.

그 고지기와 시우 삼촌이 아니었더라면 온 동네가 곤욕을 한번 치를 뻔하였다. 두 사람의 의기가 동네를 평안하게 만들고 더 이상 괴롭힘은 없었다. 고지기는 동네를 위하여 마지막 봉사를 위해 목숨 건 선물을 주고 사라진 정의의 사나이가 되었다. 그 뒤부터 한참은 고지기의 이야기는 마을 사람들의 자자한 일화로 회자되었다. 그러나 세월 따라 온 동네를 위해 희생한 숨은 이야기도 이제 한갓 서당골 골짜기로 흐르는 물과 같이 흘러가고 아무도 아는 이도 듣는 이도 없는 옛이야기가 되었다. 살아 있을지도 모를 고지기는 우리 시대의 마지막 충직한 종이었다.

# 갈증

세상에 감초 같은 사람이 많으면 얼마나 좋으리.

집안의 가족이 외출하여 돌아올 때 아랫목에 밥주발을 이불로 덮어놓고 기다리는 어머니의 온정, 바쁜 들일 하다가 젖먹이 아기를 위해 바삐 돌아와 아기에게 젖을 먹이는 모성, 가족에게 당신은 고기도 먹을 줄 모른다고 까맣게 속이는 어머니의 자애, 타향에서 사랑하는 가족을 그리워하는 향수, 평생 그리워하던 곳을 찾아가는 설렘, 고향에는 보고 싶던 얼굴들이 모두 모여 있어 오순도순 살고 집집이 보글보글 된장 끓는 소리 구수한 이야기 소리가 담을 넘는 화평, 아버지가 아버지 자리로 어머니가 어머니 자리로 온전히 행사되는 가족질서, 눈물로 기도하는 부모의 지극 정성, 할아버지 할머니가 함께 살면서 효도를 몸소 실현하는 가정교육. 할머니의 옛이야기가 도란도란 살아 있는 화목이면 좋겠네. 올림픽 축구 경기를 한 목소리로 응원하다 한 골 들어갈 때마다 집집이 함성이 넘쳐 나오는 감동, 잃어버린 가족을 해후하고 기뻐하는 즐거움이 자주 있으면 좋겠네. 가족을 위해 평생을 희생하고도 더 헌신하기를 마다않는 부모의 마음이면 세상은 얼마나 좋으랴.

옛날 선비정신이 살아 있어 사회에 소금이 되고 깨소금 맛도 풍기면 좋으리. 비방하기보다는 정당한 비판을 할 줄 아는, 정의를 신봉하고 범법을 고발할 줄 아는, 공동체를 귀중히 여기는 민주 시민이면 좋겠네. 법대로 하라는 싸움, 법 좋아하는 사람보다는 인정과 관습을 중시하는 보편타당한 도덕률이 넘치는 사회, 인기를 타고 하루아침에 스타가 되는 것보다 한 걸음 한 걸음씩 목표를 향해서 다가가는 사람을 정당하게 평가하는 사회, 불쌍한 사람을 위해 봉사하는 사랑, 장애인을 평범한 사람처럼 대하는 긍휼, 궂은일을 찾아 보람으로 헌신하는 평범한 시민이 많은 사회, 사람을 서로 존중하고 스스로는 겸손하며 자기 하고 싶은 일 열심히 하면서 족하고 즐겁게 사는, 법 없이도 사는 사회면 얼마나 좋으랴.

소 팔고 논밭 팔아 자식 공부시켜 출세시키면 부모를 당연히 제일로 공경하는 세상, 곧은 나무도 선산을 지키고 상경 하애가 물결치는 세상, 준법이 보편화되고 질서가 습관이 된 세상, 남을 위해 중보 기도할 줄 알고 봉사를 생활화하고 정의를 숭상해서 올곧은 사람이 출세하고 정직해야 부자 되는 세상이면 얼마나 좋으랴.

힘없는 백성에게 군림하고 권모술수만 횡행하는 정치판, 말끝마다 국민이 원한다고 국민을 볼모 잡히는 정치꾼, 선거철에만 국민에게 봉사하며 숙이고 선거만 끝나면 국민을 우습게 여기는 정치 모리배들, 정권만 바뀌면 완전히 돌변하여 역지사지를 왜곡시키는 여와 야의 잘난 의원들, 수치를 부끄럽게 생각하지 않는 파렴치한, 돈만 있으면 다 된다는 황금만능주의자, 자기 눈에 대들보는 보지 못하면서 남의 눈에 티를 보는 비판, 달면 삼키고 쓰면 뱉는 생리, 남의 권력과 재물로 호가호위하는 권력의 하수인들, 편 가르기로 상대를 절대 부정하는 편견, 님비현상의 지역이기주의 같은 부정적인 것들이 이 땅에서 사라진다면 얼마나 좋으랴.

권력을 쾌도난마로 휘두르지 않고 돈으로 위세 부리지 않으며 정치가가 권모술수에만 능하지 말고, 권력자가 자기 치부에만 눈 돌리지 않고 나라와 국민만 바라보는 지도자라면 좋겠네. 정의 사회 구현한다고 임기 내내 떠들다가 축재하고, 서민대통령이라고 서민을 위한 정치를 하리라 믿은 지도자가 오히려 그들만의 잔치가 되었고, 임기응변으로 공약해 놓고 당선되고 나서는 배 내미는 양심 불량의 통치자가 더는 없으면 얼마나 좋으랴.

먹은 물이 뜬다는 속담이 사실이 아닌 선거양심, 어리석고 평범한 사람들이 무난하게 사는 풍토, 오만과 비굴이 없이 겸양이 세상을 풍미하는 사회면 좋겠네. 온갖 비리를 저지른 철면피의 얼굴, 투기 한탕을 자랑하며 돈 자랑하는 소인배, 부동산 투기해서 성공했다는 졸부들이 세상을 활보하지 않으면 얼마나 좋으랴.

세계 유일의 분단국가, 교통사고 일등국, 암 사망률이 일등, 출산율이 뒤에서 세계 일위라는 유일唯一과 일등소리 안 들으면 좋겠네.

낮은 자 못난 자도 정정당당하여 자기 목소리를 내며, 일등만 인정받는 우등교육, 등수만 중한 서열교육, 잘하고 못하는 흑백논리만 따지는 지식교육이 아니면 좋겠네.

자기 직위로 고유한 권한만 고집하면서 통치라는 명목으로 얼버무리고 법 무시해도 된다는 통치자의 편리한 발상이 더 이상 국민을 우롱하지 않으며 그 자리는 언젠가는 비워주어야 하는 자리임을 미리 알면 좋겠네.

공무원이 충성과 봉사, 정의와 부정, 순종과 맹종, 무절제와 검소라는 단어들에 고뇌하지 않고 권력과 부로 위장전입 병역면탈 부동산투기 탈세를 예사로 하고는 철면피로 살다가 청문회 와서야 후회하는 잘난 사람들을 더는 보지 않으면 얼마나 좋으랴.

이런 모습들을 꿈꾸면서 시나브로 아름답게 변해가는 세상, 자족하며 생각하는 우리들의 삶이면 얼마나 좋으랴.

"인생은 미완성 쓰다가 마는 편지
그래도 우리는 곱게 써가야 해……."

이 노래가 마음의 갈증을 더하게 하는 세상이다.

# 금강산 기행

○ 2006년 2월 26일

어제는 출가한 딸이 와서 모처럼 금강산에 간다고 등산복 일습과 등산화 모자 등 등산 장비 일체를 갖추어 주었다. 태어나 가고 싶으나 가지 못한 땅을 처음 밟아 보는 이북 땅이라 마음은 한껏 설레었다.

07시에 집을 나서서 중간에 사람을 태우고 버스가 대기하는 곳까지 갔다. 경북 서북지구 관광단이 모두 모여 8시에 김천을 출발했다. 교육부에서 주관하는 관광단이라 모두가 선생님이다. 나는 교회 박 장로님이 마침 동행하여 시간 가는 줄도 모르고 시간이 흘러 버스는 북상하고 있었다. 예천을 지나 단양으로 단양에서 평창으로 양양으로 속초로 쉼 없이 달려 오후 한시반 경에 통일 전망대 좀 덜 미쳐 점심을 먹었다. 곳곳서 모여드는 버스가 30여 대는 되어 보인다. 교사 관광단이 630여 명이요 타 일반 여행자들도 모여 통일전망대에는 더 인산인해를 이루는 듯했다. 간단한 교육을 받고 또 승차하여 군사분계선 남측 사무소서 수속을 밟고 북측 사무소를 통과해야만 했다.

군사분계선을 바로 지나면 울창한 산림이 기다릴 줄 알았지만 생각과는 달리 비무장지대에는 수풀도 산도 없이 평지만 나오는 데 놀랐다. 아마도 바닷가여서 그러리라고 짐작하면서도 의외였다. 곧바로 감호라는 호수를 끼고 낙타봉이며 남강을 만나고 신선(4선)이 머물다 갔다는 영랑호를 이름만 듣고 지나는 길이 아쉽기만 했다. 남강다리를 건너서 또 설명만 들은 삼일포, 신선이 삼 일 동안 머물다 갔다는 삼일포도 볼 수는 없었다.

비무장지대는 수풀은 거의 없고 억새풀 정도만 무성하다. 북으로 가는 길에는 우리 차만 북으로 달리고 지나치는 차라고는 없다. 또 다른 도로에도 차라고는 볼 수가 없고 자전거를 타고 가는 몇 사람이 보일 뿐이고 저 멀리 봇짐을 지고 여자는 이고 걷는 사람만 보일 뿐이다. 다만 우리가 가는 길 저편에 붉은 기를 든 북한 병사들이 보일 뿐이다. 관광객이 차에서 사진이라도 찍거나 침이라도 뱉으면 기를 흔들어 차를 세우고 문책을 당한다는 안내자의 설명이다. 우리의 60년대를 연상케 하는 풍경이었다.

온정리에 도착했다. 남한의 현대아산이 경영하는 금강산 호텔에 여장을 풀었다. 현대아산서 만든 온정각 동관 서관에 음식점과 기념품을 파는 상점이 들어서 있고 온정리 문화회관도 있다. 막 여장을 풀고 2층 엘리베이터를 타려고 하는 순간에 시끄러운 사건이 일어났다. 엘리베이터 아가씨에게 한 선생이 사진기를 들이댄 모양이었다. 이에 아가씨는 책임자 동무라는 남자 감시원에게 고발하고 이 책임자는 캠코더를 압수하는 사건이 벌어진 것이다. 사정사정해서 타협이 되어 밤 10시에 옥상 식당에서 만나자는 조건으로 물건은 되돌려 받았지만 황당한 일이었다. 밤 10시에 옥상에 올라갔더니 옥상은 주점을 경영하는 곳이었다. 이미 술판이 벌어져 있었다. 술 나르는 아가씨도 훨씬 부드러워서 팁까지도 몰래 받아 갔다. 술이 한잔 들어간 책임자도 언제 그랬느냐는 듯이 다 풀려 있었다. 술의 힘이란 요술 같아 사상도 이념도 풀어 버린 해프닝이 되었다.

○ 2월 27일 새벽

잠이 잘 오지 않아 뒤척이다 일찍 일어났다. 온정리로 출퇴근하는 모습을 창문을 열어놓고 구경했다. 그러나 모두 걷는 사람이었고 혹 가다 자전거를 타는 사람이 눈에 띄었다. 아침

식사를 일찍 해결한 후 금강산호텔 사우나탕에 들어가 목욕을 즐긴 후 8시 20분에 버스에 올랐다. 만물상과 해금강을 놓고 하나를 택하라는 것이다. 금강산까지 와서 금강산을 봐야지 하는 욕심에 우리 일행은 금강산 쪽을 택했다.

오늘은 그중에도 구룡연 쪽으로 발길을 돌렸다. 그렇게 그리던 산이라 한 발짝씩 옮길 적마다 감회에 젖었다. 2월의 금강산은 아직도 겨울의 칼바람이 불고 길은 얼어서 위험한 곳도 많았다. 지나는 길목마다 감시원이 서 있어서 산에 취해 잊고 있던 나를 언뜻 깨닫게도 했다. 변소는 우리 돈 1000원 정도를 줘야 화장실 이용이 허용되었다. 숨이 차도 가고 싶은 금강산이라 묵묵히 오르니 구룡폭포가 물줄기를 뿜내고 소리도 우렁차다. 앞에서 사진 몇 장을 찍고는 폭포를 다시 되돌아 100여 미터 내려오니 구룡대로 오르는 길이었다. 아직도 겨울이 풀리지 않은 금강산에 얼음으로 덮인 길을 기다시피 오르니 메아리대라는 바위에는 오른 사람이 빼곡하여 올라설 자리가 없을 정도였다. 조금 더 가서 구룡대에 올랐다. 숨을 고르고 멀리 아래를 조망하니 상팔담이 파랗게 바위에 웅덩이를 이루고 있어 장관이었다. 계속 올라서 비로봉까지 가고 싶지만 시간을 맞추어 내려와야 하는 일정이라 아쉬운 마음으로 내려올 수밖에 없었다.

내려오는 길에 교회 제자인 여선생을 해후하여 지나온 얘기를 하다 보니 언제 내려온 줄도 모르고 쉽게 내려왔다. 점심은 온정각에서 식사를 했다. 오후 일정은 온정리 문화회관에서 평양모란봉교예 공연 관람을 했다. 기계처럼 움직이는 공연에 감동보다는 측은함이 앞서는 것이 솔직한 심정이다. 옥류관에서 미녀 구경도 하고 맛도 보자는 P선생의 제의에 모두 못 이기듯 따라 나섰다. 과연 미인들이 많기도 했다. 오가는 아가씨들이 모두가 아름다웠다. 냉면을 먹으면서 냉면 맛에다 아름다운 아가씨들의 온정이 더하여 저녁 식사를 즐거이 마치었다.

○ 2월 28일

삼 일째 아침을 맞았다. 깨자마자 산책을 나갔다. 호텔에서 내려와 온정리 휴게소까지 걸었다. 보는 이마다 낯선 사람들 소 닭 보듯이 멀거니 보고 선 것이 먼 외국에 온 듯한 기분이다. 동족이라는 따스함보다 싸늘함이 먼저 느껴진다. 좀은 무섭기도 하고.

아침 식사 후 만물상 쪽의 천선대로 가기로 하고 버스에 올랐다. 버스는 아슬아슬 곡예를 하듯 골짜기를 긴다. 눈이 내리기 시작한다. 개골산을 볼 듯하여 가슴이 설렌다. 주차장에 도착하니 이미 많은 버스가 도착하여 남한 관광객이 우리만이 아님을 실감케 했다. 눈이 내리는 산길이지만 누구 하나 불평

없이 즐겁기만 하다. 귀면암 칠층암을 지나 천선대까지 단숨에 올랐다. 하나라도 더 눈에 넣고 가려는 욕심으로 열심히 등반했지만 눈이 오는 관계로 만물상까지는 위험하다고 해서 길이 좀 나은 천선대만으로 자족해야만 했다. 매끄러운 눈길에 휘날리는 눈발에 하산을 재촉했다. 시간에 쫓기고 일정이 적어 겉만 훑어본 금강산은 명산이라기보다는 그저 남한의 설악산 정도를 본 듯 감회가 깊지 않다. 그처럼 동경하던 끝이라 막상 맛만 본다는 것이 또 다른 불만을 쌓게만 했다. 통일이 되면 자세히 등반하면서 절경을 감상하기로 마음을 다지고 오후에는 가던 길 따라 귀향했다.

# 나 홀로 세태와 나르시시즘

지난여름에 북유럽 여행을 다녀왔다. 볼 것도 많고 그림 같은 경치도 많아 보는 것마다 담고 싶은 내자는 사진을 찍느라 정신이 없었다. 지나가는 외국인에게 사진을 찍어 달라고 부탁하기도 하면서 많은 사진을 찍어 왔다.

그런데 동행한 일행 중에 한 사람이 혼자 모든 것을 해결하는 것을 보면서, '왜 나는 셀카봉을 준비하지 못했을까' 하는 안타까움이 앞섰다. 나는 전혀 남의 힘 빌리지 않고 혼자 다니면서도 불편해하지 않는 그를 선망의 마음으로 봤다.

셀카봉을 방송에서 몇 번 본 것 같더니 이제는 관광지마다 이런 풍경을 심심찮게 보게 된다. 처음엔 어색하던 것도 이제는 익숙해져 버렸다. 지나는 사람에게 부탁을 하면 셔터를 눌

러주고, 알아듣지도 못하는 외국인도 사진기를 내밀면 찍어주고 돌아서던 친절도 이제 머잖은 모습이 될 것 같다.

그러나 이 기발한 발명품들로 해서 '나 홀로'의 현대인을 더욱 양산하는 것 같아 씁쓸한 마음을 한편으로 지울 수 없다. 가전제품들도 점점 작아지는 추세로 많이 생산된다고 한다. 일인용 냉장고에, 일인용 밥솥에 온갖 것이 혼자 사는 데 불편함이 없도록 상품이 개발되는 것도 사회변화로 당연시되지만 한편으로는 점점 '홀로'를 더욱 재촉하는 것 같아서 씁쓸함을 감출 수가 없다. 어느 식당에 들렀더니 "냉수는 셀프"라고 적힌 것을 보면서 물 한 컵도 서비스 못 하겠다는 주인의 태도가 얄밉게 여겨지고, 손님에 대한 박대가 아닌가 싶어 서글펴졌다. 상술 서비스마저도 셀프에 밀리는 세상이다. 서로 협동하고 서로 돕는 것보다는 '나 홀로'를 즐기는 현대인이 갈 최종점은 결국 고독일 것이다. 점점 고독으로 내모는 현대의 문화가 노처녀 노총각을 양산하고 결국은 인구가 줄어드는 악순환이 된다.

나르시시즘이라는 말이 있다. 그리스 신화에 나오는 미소년 나르시스는 자기를 사랑하는 요정 에코에게는 관심이 없어서 마침내 에코 요정의 저주를 받아 물에 비친 자기 그림자에게 반해서 물가에서 떠나지 않다가 결국에는 물에 익사하여 죽음을 당한다. 그가 죽어서 물가를 지키는 수선화로 피어났다고 한다. 후대 사람들은 이처럼 자신에게 도취된 것을 나르시시즘이라 한다.

현대인의 나 홀로 문화는 나르시시즘과 흡사하다. 상대와 관계를 거부하고 자신에게 움츠려 들어서 자신의 공간만 확보하고 즐긴다. 타인에게는 무관심하면서 외롭다고 하소연한다. 각자 자기의 성을 쌓고 타인이 끼는 것을 꺼린다. 스스로에게 울타리를 쳐 놓고 자기 울타리 안에서 왕 노릇하고 싶어 한다. 그리고는 밖에는 관심이 없다고 하면서 스스로를 위로한다. 나르시시즘에 빠져 사는 젊은이가 넘쳐난다.

셀카로 인해 목숨도 희생하는 나르시스 같은 모습을 본다. 최근 러시아에서 17세 소년이 아파트 9층 높이에서 스스로를 찍고 아슬아슬한 장면을 즐기다가 목숨을 던지고 말았다. 특별한 나를 찍으려고 하다가 결국은 자신을 파멸로 이끈 현대판 나르시스다. 요즘 청소년을 보면 모두가 버스를 타든 길을 건너든 자기 핸드폰만 보고 있다. 옆에 누가 지나가는지도 모르고 옆에 누가 앉았는지도 관심이 없다. 나 혼자 웃고 즐기고 오직 홀로 정신이 빠져 있다. 길을 건너면서도 시선은 온통 핸드폰에 가 있으니 어떤 불의의 사고에도 대처할 길이 없다. 현대 문명이 나르시시즘을 양산시키고 있다.

주변을 살필 눈도 없고 마음도 없다. 이웃도 없이 무관심한 삶이 결국에는 고독이라는 병을 낳고 고독이 심해지면 우울증이라는 병을 낳는다. 우울증이 심하면 죽음도 두렵지 않는 행위를 혼자서 감행하여 자신뿐 아니라 동거하고 있는 가족도 같이 희생을 당하기도 한다.

이웃사랑이 가장 으뜸가는 최고의 가치인 줄을 알면서도 옆을 돌아보기 싫어하고 이웃도 무관심하려는 세태는 점점 사랑과는 역행하는 문화에 젖어서 나르시시즘을 추구하고 있다. 물 한 컵도 대접하기를 꺼리는 서비스 정신이 아무리 그렇더라도 상대방에 대한 사랑과 예우가 사라진다면 점점 더 인간관계는 삭막해질 수밖에 없다. 서로가 외로워질 것이고 그러다가 우울증에 시달릴 것이고 홀로 살다가 나르시스처럼 자기에 취하고 자기를 이기지 못해 자살도 서슴지 않는 인생이 되고 말 것이다.

나르시시즘에 젖어서 나의 빈자리를 남에게 양보하지 않는 현대인이지만, 사랑조차도 나르시스를 닮아 간다면 자기를 멸망으로 이끄는 길임을 명심할 일이다. 나보다 상대를 더 소중하게 여길 때 나를 사랑하는 더 큰 길이 열리는 것이다. 상대를 위해 희생한 삶이 오히려 죽음을 초월해 영원히 사람들에게 사랑받고 추앙되는 결과를 낳는다. 문화는 셀프로 가지만 남을 배려하고 이웃을 둘러보고 서로 아름다운 관계를 가질 때 온전한 참사랑이 실천되는 아름다운 사회가 이루어진다.

(2015. 12)

# 이사와 쭈니

이사한 지 10년이 지나니 또 이사할 일이 생겨서 갑자기 이사를 하게 되었다. 이번이 이사 다섯 번째에 해당한다. 왠지 이사를 간다는 것은 갑자기 삶을 바꾸는 기분이어서 맘에 들지 않는다. 그래도 삶은 내 혼자 영위하는 것도 아니어서 집사람 하자는 대로 나서기는 했지만 영 마음에 차지 않는다. 그래서 내 느낌을 전한다는 게 불평으로만 들리는지 묵살되고 말았다. 내 주장인즉 '나이가 들면 안정을 선호하고 편안한 것을 최고 덕목으로 여기는데 왜 이사를 해서 마음을 불안하게 하고 생활을 뒤집어 놓느냐' 하는 나의 불평이었다. 실제로 이사 때문에 삶의 리듬이 혼란해지는 것이 사실이다. 더구나 눈에 익은 가재도구와 집기들. 손때 묻은 것들을 치우고 새것으로 갈아 치우는 것이 왠지 마음에 차지 않는 일이었다. 아무리 이삿짐 회사에서 잘해준다고 한들 내가 몇십 년을 차근차근 정들여 해놓은 일처럼 될까 보냐. 그래 이사온 지 열흘이 흘러도 영 서툴고 정이 안 들어서 우울증 같은 기분으로 지냈다.

더구나 인생을 조용히 정리하며 보내는 퇴직 후라 더 마음에 내키지를 않았다. 뚜렷한 방향도 잡지 않고 갑자기 직장마저도 명예퇴직하고 거기다 살던 마을도 떠난다는 것이 마음을 심란하게 했다. 이런 마음을 몰라주는 아이들과 아내가 왜 그리 야속한지 마음 한구석 심란하기가 이루 말할 수 없다. 정든 아파트를 떠나 이 나이에 새로운 곳에 정을 붙인다는 것이 어설프다.

더더구나 가슴 아픈 일은 쭈니를 잃어야 하는 아픔이었다. 이제 십 년을 함께 살아 온 개(쭈니)를 두고 이사를 어떻게 하느냐 하는 고민은 며칠을 두고 부부의 걱정거리였다. 개집을 특별히 마련하고 가두어서 두면 이별은 면할 법도 한데 개 짖는 소리에 이웃들에게 피해가 된다는 것이 문제였다. 다행히 지금까지 지나온 아파트에서는 이웃이 이해를 해서 잘 지내왔지만 새 아파트는 어떨지. 이 아파트에서는 몇 번이나 개를 찾아 헤매는 일도 있었다.

쭈니는 시도 때도 없이 집을 나가곤 했다. 아마도 문을 여는 순간 나갔을 것이라 여기고 문을 연 아내를 탓하기도 하고 나를 탓하기도 했다. 그러나 나중에 안 사실은 이놈이 우유 넣는 구멍으로 몸을 좁혀 나갔다는 것이다. 어떤 경우든 개 기르는 창피를 느끼면서 차라리 어디로 잘 가서 살았으면 하는 마음도 없지 않았지만 그래도 정이 남아서 찾아내야 했다. 시골 아파트는 인정이 많아서 몇 시간 떠도는 개를 밥을 주고 씻어도 주고 때론 동물병원에 가져다 놓아서 찾아오기도 하는 갖가지 사건이 많았다. 이런 숱한 미운 정 고운 정이 더하여 쭈니의 목을 수술해서라도 데리고 가야겠다고 마음을 먹고 있었다. 개의 마지막을 우리 집에서 맞고 싶었다.

이놈이 성가신 것은 사실이어서 어린애 하나 키우는 것과 같은 정과 노력과 경제적 부담도 감수하고 살아야 했다. 또 자기 물건 하나를 잡으면 주인이건 누구건 양보하지 않아서 으르렁거리고 앉아 지킨다. 최근에도 물건을 억지로 뺏으려 하다가 내 엄지발가락을 물어서 피를 쏟고 병원에 왕래한 적도 있다. 또 이놈은 수놈이어서 새 물건에는 무엇이든 영역 표시를 하느라 오줌을 지린다. 시도 때도 없이 짖는다. 이런 것들이 남에게 줄 수 없는 이유이기도 하다. 애물덩이를 어쩔 수 없다고 결론짓고 데려가기로 마음을 굳혔다.

드디어 이사를 하는 이른 아침에, 쭈니를 유난히 귀여워하는 아저씨가 있어서 아내가 아저씨에게 슬쩍 개를 키워 볼 생각이 있는지를 타진하더니 일 분도 안 되어 일이 성사되고 말았다. 옆에서 말참견할 사이도 없이 아저씨와 쭈니 사이는 주인이 되고 입양이 되었다. 할 말을 잃은 나는 멍청하게 서 있기만 했다. 주인의 마음은 아랑곳하지 않고 새 주인을 쫄랑쫄랑 따라가는 것이 한편 기특하고 한편 서운하기도 했다. 그래도 마지막 인사라고 씻기고 털이라도 깎아서 보내겠다고 동물병원으로 보내어 넘겨주었다. 십 년을 같이한 개와 나의 마지막 인연을 끊으려는 마음은 사람과도 다를 바가 없다. 시집간 딸들이 데려온 개지만 이제는 그들도 자식이 태어나니 개는 뒷전이어서 어쩔 수 없이 내게 남은 쭈니였다. 마침 새집으로 이사 간다고 여러 가지로 고민하던 중에 새 주인을 만났으니 쭈니한테는 행운일지도 모를 일이다. 그러나 하룻밤을 지내고 새벽에 잠이 깬 나와 아내는 앉아서 울었다. 어제는 바빠서 생각이 없던 애증이 울컥 울음이 되었다. 아내는 날이 새자마자 쭈니의 새 집으로 전화를 해서 안부를 묻고서야 겨우 안정을 찾았다.

개는 일 년이 사람의 십 년과 맞먹는다는데 호호백발 쭈니가 얼마나 수를 할지 마음이 놓이질 않는다. 나와 같이 한 십 년이 인연이 다인 것으로 생각하고 다른 주인과 마지막을 잘 보내기를 빌어본다. 개와 다투고 그러면서도 좋다고 뛰면서 잠자리를 같이 하며 체온을 느끼던 쭈니는 이제 시집간 딸처럼 남의 식구가 되었다. 그래도 가끔씩은 못 할 짓을 한 쭈니한테 죄스러움을 어쩔 수 없다. 같이 한 시대를 향유하다가 가는 한 식구로 여겼다가 헤어지는 아픔을 쭈니는 모르는 듯하여 차라리 마음 놓였다. 나만 아파하는 것이 얼마나 다행인가. 인연이 없으면 슬픔도 없으리니, 후회하지 않으려면 인연을 만들지 말 것이니. 그래서 나는 애들이 모인 자리서 다시는 이런 아픔을 남기지 않으려면 개를 들이지 말라고 신신당부를 했다.

(2007. 11. 20.)

# 대머리

인간의 머리카락은 약 10만 개로 매일 0.35mm씩 성장한다고 한다. 머리를 깎지 않을 경우 100cm 이상이고 긴 머리는 170cm 이상이라고 본다. 이 머리털은 평균 수명이 3-10년이며 몸의 털은 6개월을 넘기지 못한다고 한다.

이 오래 가지도 못하는 털이 사람들에게는 많은 희비애락을 준다. 머리카락을 치렁치렁하게 기르고 활보하는 처녀애들을 보면 젊음에 향수와 더불어 옛날 생각이 절로 난다. 옛날에는 처녀들이라면 모름지기 머리를 땋고 붉은 댕기를 달아서 치렁치렁하고 싱싱한 머리부터 처녀 태가 나는 것을 보아온 세대이기 때문이다. 지금도 까만 단발머리 나풀거리는 소녀들의 머리를 통해 낭만을 느끼고, 기름기 반질거리는 칠흑 머리를 볼 때마다 그들의 아름다움에 향수를 느낀다. 검고 치렁치렁한 머리는 젊음의 징표였다.

내가 이처럼 검은 머리를 들고 나오는 것은 이유가 있다. 나는 청춘기에 이미 머리에 탈모가 시작되어 청춘을 잃고 청춘기를 보낸 사람이다. 청춘기에 젊음을 압류당하고 소년기에서 바로 장년기로 넘어간 셈이다. 그래서인지 항상 머릿속에는 검은 머리에 대한 미련과 선망이 떠나지 않았다. 친구들의 모임에라도 갈 양이면 항상 상전으로 대접 받는 어른이 된다. 그래도 제자들에게 젊어서 낭패 당하는 일이 없어 좋을 때도 있었다. 그러나 장년으로 대접받는 일로 해서 행동을 늘 조신하고 항상 어른스러워야 하는 일이 어느새 몸에 배였다.

그 중 맞선은 참으로 어려운 일이요, 질색이었다. 내 자신이 남 앞에 서기를 꺼리는 내성적이기도 하지만 혹시나 당돌한 상대를 만나면 머리부터 욕을 당할까 하는 의구심이 앞서기 때문이다. 어떤 사람은 이발비가 적게 들 거라고 하고, 어떤 이는 정력이 셀 거라 하는 이도 있고 또 한편으로는 교양이 있고 점잖고 위풍이 있다고들 말하나 듣기 좋으라고 말하는 사람들의 위로다. 하기야 의학적으로는 남성 호르몬이 많아서 그렇다는 학설도 있다. 남성 호르몬이 많다는 것은 어쨌든 남자답다는 사실이어서 위안이 간다.

이런저런 일로 해서 나는 항상 어딜 가나 구설수에 오른다.

어느 햇볕이 쨍쨍한 한여름 뙤약볕 아래서 정렬하고 있어야 했다. 두어 시간의 식이 끝나도록 참았더니 이마가 화끈거리고 따가웠다. 앞머리가 비어 있어 일어난 일이라 남들은 사정을 몰라준다. 그때는 그래도 아직은 적게 대머리가 된 탓에 이마만 덴 것이 다행이라 여겨진다. 그뿐인가. 동기 모임에 갔더니 오래 보지 못한 타지의 친구는 졸업하고 몇십 년을 떨어져 있다가 처음 보는 얼굴이라 잘 분간도 못 하겠다면서 그 집 친구의 부친이라며 정중히 인사를 하는 바람에 한바탕 소란이 일어난 일이 있었다. 이 오랜만에 해후한 친구의 장난으로 나는 친구의 부친이 되었으니 이런 맹랑한 일이 어디 있으랴.

하여간 대머리로 인해 나이를 곱으로 볼 때도 있고 점잖게 보는 이도 있어 다행스러울 때도 있다. 그러나 청춘기를 너무 일찍 잃은 아쉬움은 두고두고 남는다. 그렇지만 나에게 해로운 것만 아니어서 아내와 결혼을 앞두고 그래도 처가에서 내 편이 되어준 분이 바로 장인어른이었는데 나를 좋아한 이유가 이렇다. 장인 영감님은 연세가 많은 분임에도 불구하고 머리숱이 많아서 이마가 좁은 것을 늘 마음에 꺼려했던 분인지라 나의 이 대머리를 보고 오히려 점수를 딴 일이 있었다. 남자는 이마가 훤해야 쓴다는 장인어른의 지론으로 나의 편이 되어주셔서 아내와 무사히 혼인에 이르게 되었다. 장인어른이 아니었다면 아내를 잃을 뻔한 중대사였으니 대머리로 단단히 득을 본 경우가 되겠다. 남들이 다 싫어해도 장인께서는 호감을 가지신 이유가 대머리에 있다는 것이 얼마나 내 인생에 공헌한 바가 큰가.

그래도 대머리는 사장이나 고관대작쯤이나 되면 어울릴까. 평범한 서민으로서는 왠지 격에 맞지 않고 더구나 오히려 빈약한 모습으로 비치는 것은 딱한 일이다. 젊은 나이에 미리 온 대머리로 수난을 겪고 대머리로 오히려 부귀와는 먼 듯하니 일이 거꾸로 된 감이다. 그래도 미리 온 대머리로 인생을 더 먼저 깨우치고 삶의 쓴맛도 더러 본 셈이다.

이제 퇴직하고 노년에 들어 동기생들과 만나면 그렇게 나를 중늙은이니 할아버지니 하던 친구들도 모두가 늙어 나이는 이기지 못하는 운명임을 새삼 깨닫는다. 세월과 나이를 어쩔 수 없이 먹어야 하는 인간들이다. 아무리 발버둥 친들 백 년을 살지 못하는 우리들 아닌가. 헛되이 늙는다는 것이 서러울 따름이지 늙음을 한탄할 일은 아니다. 겉으로 아무리 젊게 보여도 나이 들면 다 같이 저세상으로 가야 하는 우리들임에랴. 젊을 때 조금 늙게 보인 것도 지나고 보니 아무것도 아니요, 나를 놀리던 벗들도 모두들 하나같이 다 같은 방향으로 늙어 간다는 사실에, 결국은 같다는 이 진리를 왜 일찍 깨우치지 못하고 이제야 아는지. 대머리로 인해 고민하는 사람들이여 모든 것은 헛되고 헛되다고 외치는 성경 말씀처럼 허무하기만 할 따름이다.

어느 가수의 노랫소리가 오늘따라 더욱 새삼스럽다.

"가는 세월 그 누구가 막을 수 있나요. 흘러가는 시냇물을 막을 수가 있나요……."

# 머피의 법칙

영하 10도를 오르내리는 음력 섣달의 강추위다. 신묘년 새해는 한파로 시작해서 온 정월 한 달을 꽁꽁 얼어 사람들을 움츠리게 한다. 1월 15일이 외손자의 첫돌이다. 내가 감기로 몸이 좋지 않아서 콜록거리고 있으니 아내는 손주들에게 감기 옮길까 봐 자기 혼자만 다녀오마고 했지만 외손자는 태어나면서부터 특이하게도 내 머리를 많이 닮았다고 신기해한 데다 지금도 나를 제일 많이 반기는 것이 귀엽고 기특하여 돌에는 꼭 가고 싶은 마음이라 아픈 것도 무릅쓰고 가기로 했다. 당일 일어나도 여전히 몸이 개운치 않아서 오전 일찍 병원을 들러 주사도 맞고 약도 타 왔다.

준비를 다 해서 오후 3시에 집을 나섰다. 새로 지은 김천

KTX 역사를 가려면 적어도 20분은 걸릴 것이라는 생각으로 출발 시간 40분을 앞서 집을 떠났다. 출발하면서부터 앞서 가던 승용차가 중앙선을 넘나들며 알짱거린다. 속이 상해서 경적을 울리며 추월했다. 교동다리 위에서 신호를 기다리며 섰다가 출발의 가속 페달을 밟는 순간 엔진이 꺼지고 뒤이어 배터리마저 가버렸다. 바람이 거센 다리 위에서 아내와 나는 우왕좌왕하며 1차선에 차를 세워두고 수신호를 열심히 해댔다.

한편으로는 카센타에 연락을 하고 또 한편으로는 보험회사에 연락하여 견인차를 보내라고 했지만 시간이 많이 흘러 갈팡질팡, 그 사이 시간은 30분이 지나 고속열차는 포기할 수밖에 없었다. 카센터 사장이 달려와서 우선 차만 맡기고 지나가던 아내의 학부형이 고맙게도 차를 세워 인사를 하는 바람에 그 차에 합승하여 일반열차라도 타겠다고 우리 부부는 김천역으로 갔다.

마음은 바쁘고 정신이 없다. 역전에 도착하여 짐을 내리고 아내의 뒷 트렁크 닫는 소리가 보통 때보다 더 크게 들린다 싶은 순간 아내의 신음이 들렸다. 뒷 트렁크를 오른손으로 닫으며 왼손 엄지를 문짝에 놓고 문을 닫은 것이다. 피는 온 손을 적시고 정신이 없는 가운데도 가방 하나를 고장 난 차에 두고 왔다고 해서 학부형 차를 되돌려 가게 하고 우리는 지나가는 택시를 타고 병원으로 달렸다.

서울에 6시까지 가야 되지만 이제는 이것저것 다 틀린 상황이었다. 응급실에서 촬영하고 몇 바늘 꿰매어 응급처치를 했지만 마음이 뭔가에 홀린 듯 개운치가 않았다. 그사이 큰딸에게 연락하여 다시 열차시간을 알아보라고 하고는 조금 여유가 생겼다. 가방도 다시 찾고 뼈가 상하지는 않았다니 다행이라고 자위하고 역으로 다시 택시를 불러 타고 갔다. 역에 들어가 아무리 봐도 그 시간대에 딸이 알려 준 열차가 눈에 띄질 않았다. 이젠 다 포기하고 집으로 가자고 다시 택시를 잡아타고 들어오는 길에 딸에게 다시 전화가 와 하는 말이 새마을이 아닌 KTX열차 시간이라는 것이다. 아내는 바로 고속열차 역사로 차를 돌렸다. 사실은 내일 아내는 동남아 여행을 예정해 놓은 상태라 어차피 오늘 올라가기는 해야 할 입장이다.

새 청사 KTX역에 도착과 동시에 아내는 열차표를 끊기 위해 안으로 들어가고 나는 짐을 챙겨서 천천히 들어가는 중에 아차, 이게 또 웬일인가. 내 손가방이 보이질 않는다. 급히 뛰어가 택시를 찾았으나 이미 멀리 사라진 다음이었다. 열차는 10여 분 뒤에 탄다고 딸이 이미 연락을 해 주어 알고 있었고, 손가방은 택시에 내려놓고 왔으니 난감한 일이 되었다. 택시가 사라진 곳을 멍하니 바라만 볼 뿐 할 말을 잃고 서 있다가, 혹시나 싶어 옆에선 택시기사에게 사정을 이야기했더니 마침 그 택시기사와 아는 사이라면서 연락이 닿아 바로 가방을 되돌려 받을 수 있었다. 하루내 혼이 빠졌다.

경기도 광명역에 내리니 7시 40분, 여기서 빨리 가면 돌잔치가 아직 끝나지는 않았으리라 믿고 마중 나온 큰딸과 길을 재촉했다. 아직도 머피의 법칙은 끝나지 않았는지 큰딸이 잠시 눈을 판 사이 다른 길을 가고 있었다. 이날 내비게이션도 다른 길로만 인도하였다. 경기도 분당에 있는 식장을 서울 관악구 서울대 정문으로 통하는 일이 벌어졌다. 9시가 넘어 식장에 도착하니 손님이라고는 다 파하고 사돈식구와 사위와 딸만 남아서 기다리고 있었다. 늦으나마 식사도 하고 사진도 찍었지만 오늘 하루는 예사롭지 않은 머피의 법칙이 작용한 걸까. 일 년간의 모든 좋지 않은 일들이 오늘 하루 만에 다 날아갔으면 좋겠다. 흔히 하는 말로 좋지 않은 재앙을 미리 정초에 액땜해준 것이라 믿어 본다. 오늘 하루에 생긴 일이 일 년에 생길 일을 모조리 모아 놓은 기분이다.

머피의 법칙은 일종의 경험법칙으로 미국의 공군기지에 근무하던 머피 대위가 처음 사용한 말이라고 한다. '일이 좀처럼 풀리지 않고 오히려 갈수록 꼬이기만 하여 되는 일이 없을 때, 혹은 자신이 바라는 대로 이루어지지 않고 우연히도 자꾸 나쁜 방향으로 일이 전개될 때' 일반적으로 사용하는 말이다. 흔히 재수 없다고 하는 말로 치부되며 좋지 못한 일이 겹치어

설상가상과 같이 쓰는 말이기도 하다.

이 한 해가 이제 시작이니 이제 샐리의 법칙이 나를 기다리고 있으리라 기대해 본다. 인생은 새옹지마라고 했듯이 머피의 법칙이 한 번 지나면 샐리의 법칙도 일어날 가능성도 얼마든지 있다. 다만 늦게야 깨우친 것은 샐리의 법칙이든 머피의 법칙이든 자기 하는 일에 최선을 다하고 준비해서 '盡人事待天命진인사대천명' 하는 것이 인생길에는 반드시 필요한 덕목인 듯하다.

(2011. 1. 15)

# 영원의 세월이 흐르는 별

소슬한 바람이 불고 귀뚜라미 소리도 그치지 않는 늦가을 밤이면 나는 문득 사색에 빠지고 인간에 대한 의문과 뭔지 모르는 고독에 휩싸인다. 가을의 소리는 인생에 황혼의 소리요 죽음의 소리다. 뒹구는 낙엽, 불어오는 바람 소리가 그렇다. 그래서 가을은 애상에 젖기 쉽고 가을밤에 앉으면 우주 꼭대기에 앉은 것 같은 나를 발견하기도 한다. 이런 때일수록 마음속에는 창작에 대한 의식이 불현듯 일기도 한다. 고독을 이기려는 강렬한 삶의 의욕과 본능적 삶의 고독감이 교차하면서 나는 동시에 영원에 대한 인간의 미미함과 티끌 같은 나를 발견하고 전율하는 의식으로 치열하게 갈등한다.

가을밤에 혼자 앉아 보라. 칠흑의 밤 정적을 혼자 앉아 보

라. 이때 엄습하는 공포와 고독은 밤의 어둠과 정적만은 아닐 것이다. 이때 인간의 원초적 외로움을 깨닫게 되리라. 혼자 떠는 낙엽, 흩날리는 낙엽의 소리를 들으면 자연의 낙엽이 되어서 바람에 흩날리는 나를 발견한다. 낙엽이 뒹구는 소리를 듣고 누군들 마음이 담담한 이가 있을까. 그러나 이런 밤을 지내고 나면 아침이 오고 사람들은 일터에서 잠시 어제 저녁 일을 잊는다. 칠흑 같은 밤이 있는 반면 찬란한 태양의 아침이 있는 이상 견딜 만하게 살아가고 있는 것이다. 그렇지 않다면 사람이란 무미건조해지고 쇠잔해서 더 많은 자살자를 낼지도 모른다. 고독도 삶의 활기도 밤이 있고 낮이 있듯이 조화롭게 살아볼 일이다. 고독을 되씹으면서 삶을 성찰하는 인생의 달관자도 있지만 쉬운 일은 아니다.

인간은 왜 고독을 느낄까.

인간은 원초적으로 고독할 수밖에 없는 숙명을 가졌다. 인간은 태생적으로 남녀라는 하나일 수 없는 둘이다. 남자에게서 뺀 갈비뼈라는 숙명이 이성의 그리움으로 나타날 수밖에 없다. 또 득죄한 아담과 하와가 에덴동산을 쫓겨난 후로 생명의 본향(에덴동산)에 대한 향수는 끝이 없어 본향을 향한 그리움은 문장가들에 의해 끝없이 노래 되고 희구 되어 왔다. 인생길에서 고독을 모른다는 것은 모자라는 사람이거나 아니면 달관자일 것이다. 우리는 고독을 부단히 극복해 가며 삶의 보람과 참 의미를 배워 간다. 그래서 누가 말했던가. 고독을 이기는 자는 자기 속의 소우주를 극복하는 자라고.

하나 더 있다면 우리 인간은 아무리 살아도 완전한 자가 될 수 없는 운명과 절대자가 될 수 없는 한계를 가지고 살고 있다. 여기서 절벽을 느끼고 극복하려는 몸부림이 인간의 고민이요 그래서 인간은 고독할 수밖에 없는 존재이다. 다만 더 높은 곳을 향해 조금씩 발전해 간다는 사실이 보람이요 즐거움이다. 외롭지만 열심히 인간답게 사는 것 자체가 숭고하고 아름다울 뿐이다. 완전이란 없지만 그것을 향한 과정이 그대로 고귀하고 숭엄하다.

고독, 고독은 공평하다. 내가 고독하면 상대도 고독하다. 그래서 사람들은 서로 끼리끼리 어울리고 관계를 맺고 혹은 결혼도 하고 사랑도 하며 친구도 사귄다. 따라서 고독을 이기기 위해 고독의 이기주의자가 되어서는 안 된다. 서로 만나 서로 나눌 때에 고독의 무게는 가벼워지고 외로움은 오히려 즐거움으로 화할 수도 있다. 고독의 이기주의는 결코 의롭지 않다. 고독의 이기주의는 때로 삶을 포기하는 형태로 나타나기도 한다. 고독이란 공평하지만 느끼는 각자의 태도에 따라 강도가 다르게 느낀다. 그러면서도 현명한 자는 자기 스스로를 제어하고 이겨 가면서 산다. 더러는 절대적 고독에 이르는 고독을 오히려 즐기는 달관자도 있다. 그래서 인간의 삶은 동물과 달리 숭고하고 아름답다.

가을에 나앉아 밤하늘의 별을 보라. 별은 영원의 세월로 흐르고 있다. 한 운명을 가진 한 배의 인간들은 하늘을 이고 살면서 하늘을 잊고 사는 수가 많다. 하늘을 보지 않는다. 하늘의 별을 보지 않는다. 보지 않는 것이 아니라 볼 시간이 없다. 여유가 없는 생활이다. 더구나 대도시에서는 별이 보이질 않는다. 칠흑의 시골 밤을 홀로 걸을 때라야 별들이 속삭여 준다. 밤에는 별이 있어 더욱 아름답고 별들과 속삭임이 있어야 더욱 사람다워지고 사는 멋도 함께 향유할 수 있는 것이다. 고독한 밤에는 별과 함께 속삭일 일이다. 별과 속삭일 때 고독의 맛을 아는 사람이 된다. 별과 더불어 더 높은 고독을 나눌 때 고독을 이기는 즐거움이 따른다. 그러자면 밤하늘의 별과 속삭임이 필요하다.

별을 보는 이는 고독하지만은 않다. 별에는 빛과 꿈이 반짝이기 때문이다. 별과 속삭이는 사람은 나의 고독을 별에게 의탁할 줄 아는 사람이고 별과 더불어 고독을 나눌 줄도 아는 사람이고 더 나가서는 절대적 고독을 터득하고 그 고독을 승화시킬 줄도 아는 사람이다. 별을 품은 이는 고독도 다 포용할 수 있음이다. 캄캄한 밤일수록 별은 더욱 반짝인다. 어두울수록 더 빛을 발하는 별에서 우리는 소망을 배운다. 어려움에 처한 인간이 어찌할 바를 모르는 그때 하늘을 우러러 절규하고 하소연하고 그러다 깊은 상념 속에서 나를 발견하면 나 자신이 하나의 별이 되고 별이 또한 나와 동행하는 시간이 된다. 이때 별이 친구가 되고 애인이 되어 나도 별이고 별도 내가 되는 일심동체의 영원의 속으로 자연으로 승화되는 나를 발견할지도 모른다.

# 살구

아내가 살구 한 봉지를 내놓았다. 탐스러워 먹기 전에 한참이나 들여다보고 있으려니 나도 모르게 미소가 솟는다. 살구를 보고 있자니 인정이 살아난다. 어린 시절이 뭉게구름처럼 밀려온다. 살구가 절로 신맛이 생각나게 하듯 내 어린 시절이 저절로 모락모락 맛으로 피어오른다.

살구꽃이 피는 때쯤 봄이면 온 동네가 꽃동산이 된다. 그믐밤이 되어도 동네는 살구꽃으로 밝기만 하다. 거기다 달이라도 뜨는 밤이면 꽃에 어울린 봄밤이 마치 궁전 뜰 같아서 어른이든 아이든 잠을 못 이루기 예사다. 촛불을 켜 놓은 듯 은은한 달빛에 살구꽃의 향연은 어찌 그리 고운지.

보리 베고 모를 심을 적이면 살구도 노랗게 익어서 토실토

실한 알통을 자랑한다. 맛도 신맛에서 단맛으로 변하면서 황금빛 열매가 된다. 보기만 해도 군침이 절로 돈다. 쪼마구인 우리는 키 큰 살구나무에 오를 엄두도 못 내고 떨어지는 살구만 먹어야 했다 살구도 실컷 보고, 절로 떨어지는 것만 먹어도 불만이 없이 행복한 아이들이었다. 동네의 살구나무 중에도 힝수네 살구가 열매가 크고 굵어서 제일이었다. 힝수네 집이 어린 마음에도 선망이 되고 부러웠다.

힝수네 집은 순이 집과는 이웃해 있어서 바지런한 순이가 살구를 모아놓고 만나기만 하면 몇 개씩 쥐어주곤 했다. 순이 얼굴이 복숭아꽃처럼 익어가면 살구도 황금빛으로 익었다. 학교에서 좀 일찍 하교하는 날에는 온 동네가 절간같이 조용하다. 뻐꾸기가 한가로이 짝과 더불어 화답하고 병아리 모는 암탉이 노랑 병아리를 데리고 마당을 한가득 채우는 오후의 한적이 온 집안에 정적을 불러온다. 어른들은 모두가 들로 보리를 베러 가거나 감자를 캐러 나가고 또 한편의 동네 사람들은 두레를 모아 모심느라고 들판에서 하루를 보낸다. 이래저래 농사일로 눈코 뜰 새가 없다. 그래서 동네는 적막감이 도는 산중 절간 같다. 나는 대밭 길로 난 샛길로 걸어 살금살금 살구나무 아래로 가면 먹음직한 살구 몇 개가 나를 기다린다. 그러다 좀 모자라면 장대로 홀랑개를 만들어서 살구를 몰래 따먹는 맛이란. 담 너머로 집에 남아 집을 보며 시집갈 준비하는 누나들이 오히려 빙그레 미소만 던질 뿐이다.

내 고향 마실은 늘 안방 아랫목 같은 따스함이다. 지릅대기에 끼워서 말려 놓고는 입맛을 다시던 감꽃의 맛. 그 맛은 떫은맛이면서도 배고픔을 잠시 그치게 하는 간식거리였다. 요기를 이런 것으로 해결해야 했던 노란 배고픔의 그리움이기도 하다. 그뿐 아니라 여름 저녁은 삶은 감자와 보리밥과 손국수가 일품이었다. 손국수를 할 때는 어머니 치맛자락에 앉아서 국수꼬리라도 썰다가 남겨 주리라는 소망으로 국수 써는 머리맡을 끈질기게 기다리면 썰다 남은 국수꼬리를 칼 너비만큼 남겨준다. 국수 꼬랑댕이를 짚불에 구워 맛있게 먹었다. 호박 넣은 국수를 한 그릇 뚝딱하고는 저녁 내내 밤이 깊도록 동무들과 어울리다가 배가 출출할 즈음 집으로 와서는 식은 국수 한 그릇을 또 먹어 치우는 맛이 요즘에 고량진미와 비길까. 손국수는 식어 퍼질수록 맛을 더한다. 그 더운 여름밤의 밤참은 국수 한 그릇이 그만이다. 더구나 모두가 밤든 밤에 혼자 즐기던 식도락의 시간은 그대로 즐거움이다. 저녁이 국수가 아닐 바에는 차라리 감자를 숟가락으로 박박 긁어 밥에 넣어서 지은 보리밥을 먹는데 절반은 감자다. 그때 마음이야 차라리 보리밥보다는 감자가 더 낫다고 생각했다.

늦여름에는 풋감을 주워다 며칠씩 삭히면 홍시가 된다. 이것도 허기를 이기는 한 방편이 된다. 감이 익기 시작하는 가을이 되면 단풍 든 감잎은 소슬바람에 떨어지고 감만 붉게 남아서 늦가을의 정취를 한껏 돋운다. 너무 익어 홍시가 되기 전에 다래끼를 메고 감을 딸 때면 감나무도 너울너울 춤춘다.

긴긴 겨울밤은 겨울 무 구덩이 서리를 한다. 저녁을 일찍 먹은 아이들은 모여 놀다가 배가 출출하면 남의 무 구덩이에서 몰래 서리하여 무를 깎아 먹기도 하고 더러는 밥 돌부리를 하여 저녁참을 먹기도 하였다. 가마니에 담아 윗목 방구석에 놓아 둔 고구마도 밤참거리였다. 이것도 방이 추워 살풋 얼어서 생짜로 깎아 먹으면 그대로 시원하고 달곰한 과일 맛이다. 계절마다 맛있는 시골 음식은 지금 생각하면 모두가 웰빙 음식이요 건강식품이었다. 잃어버린 옛날에 대한 맛이 살구로 다시 살아나는 오늘이다. 살구 한 봉지로 배가 부르다. 먹지 않고도 부른 배는 나의 마음을 풍요롭게 한다.

사계절이 지금 생각하면 모두가 건강 음식 먹거리다. 먹을 것이 없다는 옛날이 더 먹을 것이 많았던 어린 시절이었던 것 같다. 배고픈 시절에 먹었던 모든 것들이 지금 보면 하잘것없는 음식인데도 그때의 음식이 오히려 맛있고 배부른 음식으로 여겨지는 것은 건강 음식으로 치장된 까닭일까. 골목마다 득실거리던 사람들이 모두가 그리운 얼굴들인데 그 중에도 살구를 따주던 순이의 얼굴이 더 그리운 것은 애틋한 마음들이 지금 너무 아쉽기 때문이다. 오늘은 살구 한 봉지로 인정 넘치던 옛 고향의 추억이 너무도 간절하다.

살구꽃 핀 마을은 언제나 고향 같다.
만나는 사람마다 등이라도 치고 지고
뉘 집을 들어서면은 반겨 아니 맞으리. —이호우

(2005. 7.)

# 신 부부유별

두 외간 남녀가 짝을 이루어 재미나게 사는 모습은 세상의 아름다움 중에도 가장 아름다운 모습의 하나이다. 이를 두고 금실이 좋다느니 혹은 운우지락이 좋다느니 한다.

신혼기는 사랑으로 만났으니 모든 세상만사가 사랑으로 보이고 사랑으로 귀결된다. 사랑하기 때문에 모든 어려움도 사랑으로 극복해갈 수 있다. 혼인하면서 초례청에서 백년해로를 다짐하고 서로 참고 용서하고 살기를 주례자는 신신당부한다. 그러나 모두 행복할 수 없는 것이 인생사이므로 어떤 이는 일 년을 못 넘기고 가정 파탄을 맞기도 하고 사랑이 오히려 미움으로 돌아서기도 한다. 이혼이 많은 시대라 가정의 가장 큰 사건인 이혼을 먼저 우려한다. 가부장제 아래서는 순종만이 미덕이지만 이제는 사정이 많이 달라져서 부부 평등과 부부 별산제에다 이제는 호적마저 따로 할 수 있는 세상이 되었으니 우리가 살아온 부모세대와는 모든 것을 달리 생각할 시기다. 우리 아버지 어머니가 살아온 가정의 모습은 뇌리에서 지워야 할 판이다. 그렇지 않으면 항상 부부갈등과 가정불화가 도사리고 있는 게 현대인의 가정사이다.

백년가약하고 오순도순 산다면 더 바라고 말할 것도 없지만 요즘 세상에 그렇게 호락호락하게 가정을 이끄는 게 쉽지 않아서 마치 이혼을 떡 먹듯이 한다는 말이 적합한지도 모르겠다. 애들을 두고도 이별을 맞는 부부, 갈등의 극한 상황을 극복하지 못하고 파경을 맞아야 하는 통고는 죄요 한편 아이들에게 불행이다. 그렇다고 살 수 없는 상황을 현상만 유지한다고 해결될 일도 아니다. 때로는 질곡에서 벗어나는 방편이 이혼이기도 하다. 극한 상황에도 얽매여 산다면 또 하나의 멍에를 쓰고 사는 결과를 낳는 것이기 때문에 이혼이 꼭 부정적인 것만은 아니다.

부부는 일 년을 살든 십 년을 살든 한몸처럼 한솥밥을 먹으면서 한 이불 아래서 모든 것을 공유하면서 산다. 그로 인해서 자칫 남편의 권위도 아내의 인격도 옳게 대접을 못 받는 경우가 생기게 마련이다. 서로 화목할 때야 아무런 문제가 없지만 불화가 생기면 아내의 아름다움도 남편의 비밀도 헌신짝이 되는 경우도 허다하다. 서로 옥돌같이 사랑을 잘 갈고 다듬어 가야 할 사람들이 부부의 신뢰를 버리고 속속들이 잘 안다는 이유로 더 마구 대하다 보면 상대의 인격도 침범하는 우를 범하게 된다. 특히 상대의 아킬레스건을 건드리는 때는 큰 싸움의 단초가 된다. 부부싸움이 타인의 싸움보다 더 험악해질 수 있는 가능성은 상대방을 그만큼 더 잘 알기 때문이다. 많이 안다는 것이 탈이 된다. 안다는 것이 빌미가 되어 있는 말 없는 말을 다 하다가 일을 그르치게 한다.

미래의 차세대는 맞벌이 부부가 가정의 모형이 될 것이 분명하다. 이런 상황에서 남편과 아내는 각기 직장인의 일원으로 낮에는 직장에서 일하다가 밤에만 가정에서 모인다. 집에 돌아온 아내와 남편은 서로 녹초가 된다. 남편은 집으로 와도 따뜻이 맞아줄 아내도 없다 청소도 되어 있지 않다. 밥도 차려놓지 않았다. 누구든 앞에 도착한 사람이 비를 들어야 하고 밥을 지어야 한다. 아침에 그냥 나간 탓으로 방을 치워야 한다. 말은 많이 필요 없다. 말을 받아 줄 여력이 없다.

1999년에 간 큰 남자 시리즈라고 해서 여자들의 기를 한껏 세워준 이야기가 있었다. 아내들이 남편을 휘어잡는 세태다. 남편의 의사도 묻지 않고 큰일을 벌여서 가정을 파탄으로 몰기도 한다. 남자를 여자의 하수인으로 행세하도록 하는 것이 간 큰 남자 시리즈의 요체다.

때로 남자를 집에 놔두고 애들과 유학 가는 신 기러기 아빠도 양산되는 세상이다. 남편은 남아 외로워하다 자살을 하는 일도 매스컴에 오르내린다. 이만큼 여권이 신장되었고 여성들이 오히려 지나친 자기중심적 사고방식으로 가정도 가족도 뒤로하고 자기 일에 몰입한다.

맞벌이 부부의 남편은 외롭고 불편하다. 서로가 식사도 자기 것만 처리하면 그만이고 옷도 자기 것만 챙기면 그만이다. 맞벌이 부부가 경제적으로 더 풍요하리라는 생각도 계산상의 말이지 정작 현실은 다르다. 오히려 집에서 일만 하는 전업 주부들이 있는 집이 더 빚이 없고 더 실속 있고 알찬지도 모른다. 간 큰 남자로 풍자하듯이 그만큼 여자들, 그중에도 직장여성들이 간이 크고 자기위주라는 뜻도 된다. 간 큰 아내들은 씀씀이뿐 아니라 자기관리며 자기실현이라는 명목으로 위안을 삼으려 한다. 자기 보상을 하려는 의도가 강하다. 맞벌이 부부들이 빚이 많은 이유가 바로 이런 것에 있다. 직장생활로 고생하고 드세어진 아내에게 남편은 할 말이 없다. 고생의 보상을 받고 싶어 하고 자유를 더 향유하고 싶고 그래서 자주 가정을 비우고 주도권을 쥐려 하고 이래저래 남편은 힘이 빠진다.

현대에서는 남편도 아내도 완전히 독립된 인격체로 대해줄 줄 알아야 한다. 못나게 보이는 남편도 어엿한 사회의 일원이요, 아내도 직장의 일원이다. 자기 일을 수행하는 직장인이다.

가깝다는 이유로 상대를 잘 안다는 이유로 남편은 아버지 시대의 어머니의 순종과 아버지의 권위를 내세울 처지가 못 된다. 서로 참고 인정해 주고 모르는 것은 서로 솔직히 털어놓는 것이 중요하다. 사랑하기 때문에 의심나는 일도 많다. 그러니 항상 정직하고 솔직해서 상대에게 믿음을 주어야 가정이 화평하다. 믿음은 윤활유 같아서 살아가는 데 삐걱거리는 소리를 잠재우고 생활을 원활하게 하는 촉매제가 된다. 믿으면 신뢰가 오고 안정이 오고 평안이 온다. 사랑이란 두 얼굴을 가진 야누스와 같아서 사랑만 하면 좋지만 사랑 속에는 가시가 있어서 사랑이란 이름으로 아픔을 잉태하기도 한다. 사랑이라는 이름으로 질투하고 간섭하고 관심을 배로 더하게 된다. 사랑의 두 얼굴이 말썽을 일으킨다. 이성 간의 사랑에는 항상 미움이 같이하고 있다. 사랑에 믿음이 같이할 때만이 온전한 사랑이 된다. 믿음이 없는 사랑은 길가에 내어놓은 질그릇 같아서 언제 깨질지를 모른다.

요즘에는 쉰이 넘게 살고도 황혼이혼을 생각하는 사람들이 있다. 이때는 상대를 돌이킬 수 없는 고질적 존재라고 판단하고 내린 결론이다. 이런 때일수록 상대도 상대지마는 나를 돌아보고 나를 바꾸어 볼 일이다. 타고난 천성은 어찌지 못한다고 말한다. 남의 천성은 완전히 바꿀 수 없는 일이다. 나를 상대에게 맞추는 지혜가 필요하다. 말하자면 나는 항상 나가기를 좋아하고 상대는 항상 집에 있기를 좋아하는 성격이라면 내가 먼저 상대를 조금씩 따르면서 나도 변하고 상대도 변하도록 이끄는 지혜가 있어야 한다. 나는 변하지 않으면서 상대가 변화되기를 바라는 것은 아전인수도 이만저만이 아니다. 사람을 비난하거나 비판할 일이 아니다. 그에게도 장점이 있고 아름다운 면도 있게 마련이다. 평생 살면서 고칠 수 없는 병이라고 생각지 말 일이다. 고칠 일도 아닐 뿐만 아니라 고칠 수도 없는 일이다. 자기 스스로를 생각해 보자. 자신은 고칠 수 있는가. 피차일반이라면 차라리 다른 방도를 취해 볼 일이다. 차라리 그 단점이라는 것을 사랑할 일이다. 그러다 보면 자기도 상대도 다 인격자가 되고 어진 사람도 될 수 있으리라.

최악의 경우도 아주 하찮은 일에서 시작한다. 부부 싸움이란 결국 일상의 시답잖은 일에서부터 시작된다. 말하자면 아무 것도 아닌 것을 다투다가 결국 상대의 인격까지 모독하는 일로 변질되고 지나간 몇 년 혹은 몇십 년도 들먹여 가면서 새 국면을 맞는다. 그리고 사소한 섭섭했던 일까지 들추어내서 추궁한다. 이때는 제일 잘 안다는 것이 병이 된다. 내 속까지 속속들이 아는 이는 바로 아내요 남편이다. 이로 싸움은 더 쉽게 불이 붙는다. 나를 나처럼 아는 사람, 너를 나처럼 아는 사람, 때로는 아는 것이 병이 되고 싸움의 불씨가 된다.

역지사지란 말이 있다. 세상에 나를 아는 이 속속들이 아는 사람이 누군가. 그게 바로 아내요 남편이 아니던가. 나를 세상 누구보다 잘 안다는 사람이 이해하지 못하고 비난하려고 들 때 나는 속수무책이다. 그대로 밥이 될 수밖에는 없다. 안다는 것은 그만큼 가깝다는 증거다. 가까운 사람이라면 서로가 더욱 이해하려 들고 인내하고 더 사랑할 일이다.

21세기에 우리 한국인은 이제 의식을 바꾸어야 할 때가 된 것이다. 우리 젊은이들은 아직도 세기말의 우리 어머니 아버지의 생각을 떨쳐버리지 못하고 연민을 가지고 있을지도 모른다. 그 중에도 남편이 대접만 받던 시대는 더욱 아니다. 부부 서로가 귀중한 한 인격체로 서로 사랑하고 존중하는 가운데 부부 사랑은 윤기 나는 곱돌로 빛을 발할 수 있으리라. 부부 사이에 인내와 사랑은 가정의 근본이다. 옛 사람에게만 해당하는 규범이 아니다. 오히려 남녀 모두에게 요구되는 행복의 한 계단이다. 인고 정신은 우리 자손들이 가져야 할 문화요 전통이다. 참고 사랑하고 이해하는 가운데 행복의 미소는 항상 우리 곁에 있다는 것을 명심할 일이다.

# 배 댈 수 없는 강 언덕

오랜만에 동기회에 참석했다. 남들 다 하는 동기회지만 우리는 어쩌다 기회를 놓치고 이제 이순이 넘어 초등학교 졸업하고 처음으로 만나는 해후였다. 마침 독일에서도 때맞춰 참석한다는데 국내서 참석하지 않는 데서야 말이 안 되는 것 같아 다른 일 다 제쳐 놓고 참석했다. 졸업 후 처음 만나는 얼굴도 있어 50여 년의 세월이 모두 할머니 할아버지 얼굴로 변하여 어떤 친구는 아무리 봐도 생소하기만 했다. 그런데 나는 오늘 여자 친구, 독일에 사는 숙이로부터 한스럽고 애절한 한 토막 인생 역정을 듣는 기회가 있었다. 한편으로는 탄식이지만 한편으로는 사랑의 놀라움 그 자체였다. 그녀의 이야기를 직접 들은 대로 구성해 보았다.

"오빠와 나는 동급생이지만 나이는 내가 한 살 아래였다. 이웃에 사니까 오빠와 늘 오누이같이 오빠와 동생으로 지내며 자랐다. 국민학교 다닐 때부터 늘 우리 어머니는 오빠에게 함께 다니기를 원해서 학교에도 오빠와 같이 동행해야만 마음이 놓이는 분이었다. 왜냐하면 오빠는 학년마다 반장도 하고 졸업반 때는 전교 회장도 하며 남보다 듬직하니까 어른들의 신망이 두터웠기 때문이다.

학년이 올라가니까 나는 오빠한테 독점욕이 발동해서 다른 애들의 접근이 극구 싫었다. 체구도 당당한 데다 힘이 세고 공부도 잘하는 오빠가 어느샌가 내 것이라고 착각하고 있었다. 거기다 오빠가 늘 우리 엄마의 부탁도 있고 해서인지 내 주변을 맴돌며 보호해 준다는 느낌이 더 나에게는 힘이었다. 오빠는 운동이면 운동, 공부면 공부를 두루 석권하니 우리 동무들의 선망의 대상이기도 했다. 시골학교에서 육상 선수까지 도맡아 경쟁 상대가 없었다. 6학년 때는 시민대운동회가 열려 학교 대표로 뽑혀 참여하기도 했다. 인기가 있을수록 속이 타는 나였다. 오빠에게 신뢰와 칭찬이 자자할수록 나의 질투심과 경계심은 바람 잘 날이 없었다. 그렇다고 대놓고 오빠에게 접근하지 말라고 공개적으로 말을 할 수도 없는 처지였다. 어머니는 오빠를 조카라고 부르며 신뢰를 주었다. 이런 처지니 대놓고 남들에게 내 남자라고 말할 수 없는 속사정이 있었다.

국민학교를 오누이처럼 붙어 다니다 보니 아무도 이상하게 보는 이도 없었다. 더구나 우리 엄마는 오빠가 아니면 조금 먼 길은 보내지도 않고 같이 동행하면 흔쾌히 딸려 보낼 정도로 오빠를 믿었다. 그리고 나는 오빠 집을 내 집 드나들듯 했으니 그만큼 두 집도 흉허물이 없이 지내는 이웃이었다.

그러다 중학교에 들어갔다. 시내에 중학교가 있으므로 항상 한 방향으로 아침과 저녁을 동행하는 일이 허다했다. 오빠는 항상 자전거로 나를 태워주기도 하고 때로 아침이 늦거나 일이 생겨 낭패했을 때는 어머니가 오빠에게 부탁을 하기도 했다. 나는 오히려 이런 때가 즐거웠다. 오빠의 자전거 짐받이에는 오빠의 책가방이 실리고 나는 늘 오빠의 자전거 뼈대에 앉아 갔는데 이 시간이 제일 좋았다. 자전거 앞 뼈대 자리는 바로 오빠의 코앞이었다. 타고 같이 가다 보면 오빠의 숨소리가 내 귀에 그대로 들리고 숨찬 소리를 듣고 있노라면 왠지 안타까움보다는 짜릿한 전율이 느껴졌다. 거의 매일 한 번씩은 타지만 그럴 때마다 더 오래 타고 싶은 게 솔직한 마음이었다. 그러나 오빠는 내 마음을 아는지 모르는지 무심하기만 했다. 말은 항상 다정하고 성내는 법이 없으니 속내를 짐작할 수가 없었다. 수년을 그렇게 타다 보니 자전거가 가는 중에도 오빠가 한 손을 자전거에서 놓으면 나는 자전거에 쉽게 올라 탈 수가 있었다. 몇 년을 그렇게 길들였으니 능숙하게 자전거에 타는 것은 어려운 일이 아니었다. 익숙한 것은 자전거만이 아니다. 내 생활이 오빠와 늘 함께하다 보니 정이 들 대로 들고 서로를 알 대로 아는 처지가 되었다. 누가 무어랄 것도 없이 오누이 이상으로 변해 버렸다.

그런데 어릴 적에는 아무런 일이 없었지만 고등학생이 되어 나이가 차츰 들어감에 동네 사람들의 입방아가 그냥 내버려 두질 않았다. 그러나 오빠는 묵묵히 자기 학업에만 충실하였고 더구나 걸어가는 여학생들을 기회만 되면 태워 주며 동네 사람들에게 신뢰를 쌓아온 터라 오히려 입방아보다 칭송이 더 회자되었다. 그러나 나는 내 마음을 이해할 수 없었다. 생각을 않으려 해도 마음은 항상 오빠로 향하는 심사를 이해할 수가 없었다. 고등학생이 되면서 자전거 페달을 밟으며 숨이 차 식식거리는 숨소리가 그리도 좋았다. 그래도 말없이 내색하지 않는 두 사람의 침묵에 아무런 일도 아무 소문도 더 이상 번지질 않았다. 그렇지만 내 마음은 자꾸만 이상하게 변해 가고 있었다.

드디어 여고를 졸업할 즈음에는 나는 속이 타들어 갔다. 항상 말없는 두 사람의 묵묵한 태도로 모든 소문도 덮어 갈 수 있었지만 오빠가 대학만 가면 나는 끝이라는 위기의식에 속이 바삭바삭 타들어 갔다. 나도 대학에 가고 싶지만 고등학교도 겨우 다닌 터에 언감생심 대학은 꿈도 꿀 수 없었던 때였다.

이 시골 동네에서는 아직 여자는 한 사람도 대학에 다닌 이가 없었고 고등학교를 졸업한 것만도 감지덕지였다.

오빠는 대학을 당연히 가야 한다는 생각에 다른 잡념이 없는 듯했다. 그도 그럴 것이 가정 형편상 서울은 못 가고 지방대학에 가서 장학생이 되는 게 꿈이었다. 졸업이 다가오는 나는 용기를 내어 몇 번이나 오빠에게 고백을 하리라 마음먹었다. 그러나 미루다가 고등학교를 졸업한 후에야 더구나 이제 내일이면 대학입학식을 하러 가는 전날에야 용기를 얻어 사랑의 고백을 했다. 그러나 오빠는 완고한 노인 같았다. 마음으로야 너를 귀여워하고 있지만 여러 가지로 보아 너를 여자로 봐서는 안 된다고 단호히 말했다. 좋은 것하고 사랑하는 것하고 뭐가 다를 것이 있느냐는 나의 말에 오빠는 좋은 것은 좋은 것으로 끝을 내자. 너는 여자이기 이전에 내 동생이다. 사랑만은 안 된다는 말이 비수처럼 가슴에 와 박히었다. 사랑과 호감을 구별하라는 오빠의 냉정함이 그렇게 원망스러울 수가 없었다. 나는 울면서 매달렸지만 오빠의 매정한 태도는 요지부동이었고, 이웃이요 먼 친척이라는 사실이 이렇게 원망스러울 수가 없었다. 눈물로 하소연을 했지만 이 남자는 끄덕도 하지 않았다. 너를 사랑하는 동생으로만 여겼지 이성으로 보지는 않았다는 말이 나를 울렸다. 나는 차라리 둘이 멀리 떠나자고 제의해 보기도 했다. 아니면 가출을 해서 어디 가서 직장을 구해 오빠의 뒷바라지라도 해야 속이 풀릴 것 같은 심정이었다. 그러나 나를 어린애 취급만 하는 것이 미칠 지경이었다.

참으로 난감한 밤은 지나고 오빠는 훌훌 대처로 떠나 버렸다. 아무리 생각해도 이해가 되지 않는 것이 오빠의 태도였다. 그렇게 안타까운 마음이 눈물만 날 뿐이었다. 일부러 그럴 것이라고 짐작도 했지만 조금도 흔들리지 않는 것을 보면 사실인 것 같기도 했다.

나는 견디다 못해 간호원이 되리라 마음먹고 '간호사 양성소에 입학을 했다. 오빠를 오랜만에 만났다. 그 사이 편지는 몇 번 오갔지만 만나기는 1년 만이었다. 오랜만의 해후에도 오빠는 예전처럼 나를 대했고, 조금도 변한 것이 없었다. 나는 그때야 마음을 다져 먹고 차라리 독일 간호원으로 가야 되겠다는 생각이 번개처럼 떠올랐다. 그때 독일에는 광부가 많이 갔고 그 다음으로 간호원이 많이 가던 때였지만 일종의 도피처로 모든 것을 잊기 위해서 단신으로 훌훌 떠나가 버렸다. 그동안 독일 간호원 생활이 비록 외로웠지만 아직도 독신을 고집하며 살아 왔다. 지내고 보니까 한평생이 허망하지만 그래도 후회는 없다."

내가 50여 년 만에 여자친구를 만나서 들은 사랑 이야기다. 모두가 숙연하게 듣기만 하고 있었다. 나는 이 분위기를 깨기

위하여 이야기를 이어 갔다. 숙이는 세월의 강물에 띄워 놓은 배구나. 남자는 배 여자는 항구라던데 이건 완전 거꾸로 되었네. 말하자면 여자는 배요 남자가 항구야. 이렇게 한바탕 웃고 나서 모두가 옛이야기로 자정이 넘도록 자리를 뜨지를 못했다. 고국에 와서 술 한 잔 들어가 흉금을 털어 놓은 말이었다. 아직도 사랑을 체념하지 못하는 속마음이 술기운에 배어 나오는 듯했다. 사랑이란 본인 외에는 이해되지 않는 참으로 오묘한 의문이다. 친구들 모두가 사랑이 무엇이라고 네 인생을 찾으라고 입 모아 충고했지만 그는 웃기만 할 뿐 아직도 사랑에 빠져 있는 소녀 같았다. 옛 성현들은 건널 수 없는 물을 약수라 했다. 그녀는 세월의 강물에 떠가는 쪽배였다.

한 생을 벼르고도
당신과
건너지 못할 강
하나 있네.

배 댈 수 없는
강 언덕에
아득한 불빛 있어
휘파람을 불어도
늘 둥실 구름인 것을.
달빛 너머

애잔한 노래로
조각배 띄워도
늘 공허한 바람인 것을.

세월의 물결
흐르는 대로
배 댈 줄 모르고
흘러만 가네.

— 졸시 「강」

# 행복한 죽음

어제 나는 부음을 받았다. 전혀 생각도 못한 부음이라 무척 당황스럽기도 했다. 입원한 지 10일 만에 세상을 하직하고 돌아가신 것이다. 너무 갑작스런 일이라 마음의 평정이 없이 그렇게 서운할 줄은 몰랐다.

편찮다는 소식을 듣고 입원한 지 며칠 만에 문병을 갔더니 이미 암4기라는 선고를 받고 있었다. 그런데 환자는 의외였다. 전혀 표정 하나 변화 없이 태평 그대로였다. 스스로의 할 일을 다 마친 성자의 모습을 하고 있었다. 오히려 나의 눈물이 부끄러울 지경이었다.

성직자로서 목회자로서 너무나 당연한 자세지만 갑자기 죽음을 예고하는 의사의 목소리가 떨림에도 담담히 받아들이는 모습이 평온하기만 했다. 먼저 아들딸에게 눈물을 보이지 말라고 엄명하고 부인에게도 조금도 슬픈 기색을 하지 말라고 신신당부하고 본인 스스로도 원망하거나 탓하거나 하는 세속적인 모습이 아니라 죽음을 초탈한 사람처럼 그렇게 보였다.

그는 "모든 것이 하나님 은혜였다. 목사가 된 것도 주님의 은혜요 나를 지금까지 오게 한 것도 하나님의 은혜다. 미약한 나를 총회장으로 성서공회 이사장으로 이끄신 이는 하나님이신데 이제 나를 주님이 사랑하사 천국의 소망을 가진 나를 천국으로 인도하시는데 얼마나 기쁜 일입니까?"라고 반문했다. "나를 아프지만 않게 기도하고, 빨리 하나님 나라로 데려가 달라고 기도해 주세요. 나는 아무 여한도 없고 미련도 없고 천국에 소망만 있을 뿐입니다."라고 담담히 말씀하고 계셨다.

이틀 후에 갔더니 말문을 닫으셨음에도 불구하고 의식은 또렷하여 글로 의사소통을 다 하셨다.

"와 주셔서 감사합니다"를 시작으로 누워서도 조금도 삐뚤어짐 없이 정확하게 연필을 놓지 않으셨다.

"내 모습이 평소 때와 다릅니까" "아닙니다. 평소와 전혀 다름이 없습니다" "고맙습니다. 이게 제 마음입니다. 내 마음이 천국의 소망으로 가득합니다. 다만 마지막 부탁은 우리 성일이와 며느리 잘 도와주세요."라고 하시면서 둘러선 문병객에게 일일이 노트에 인사를 다 하시고는 찬송가 237장 저 건너편 강 언덕에를 불러주기를 청하여 모두 제창하였다.

저 건너편 강 언덕에 아름다운 낙원 있네.
믿는 이만 그곳으로 가겠네.
황금 문을 들어가서 주님 함께 살리로다.
너와 날 위해 황금 종 울린다.
저 울리는 종소리와 천사들의 노랫소리 영광일세
할렐루야 기쁘다.
빛나는 저 강 건너편 아름답고 영원한 곳
너와 날 위해 황금종 울린다.

3절이나 되는 찬송을 손으로 지휘까지 하면서 기쁜 표정을 지으셨다. 하늘나라에의 소망으로 병문안 온 사람들이 애처롭거나 동정심보다는 오히려 위로를 받고 나오는 지경이었다.

문안 오는 손님마다 이 찬송을 부르게 하시면서 천국의 소망으로 가득한 열망을 토로하면서 마지막까지 화평하고 기쁜 마음을 유지하시는 모습을 보면서 이런 행복한 죽음도 있구나 싶어 보는 마음이 오히려 담담함을 금치 못했다. 암이 번져 있다는 소리를 듣는 순간부터 아프지 말고 빨리 가도록 가족들에게 기도하라는 부탁에 딸은 항변까지 서슴지 않았다. 어찌 가족이 아버지를 빨리 돌아가시라고 기도할 수 있느냐고 차라리 아버지가 빨리 데려가 달라고 기도하시라고 말이다.

그래서인지 입원한 지 열흘 만에 소천하셨다. 위로예배 중에도 목사님들은 한결같이 '행복한 죽음이니 행복한 안식'이라는 주제로 설교를 하는 것을 보면서 남다른 죽음의 자세로 돌아가신 고인을 추모하지 않을 수 없는 애도의 물결을 보았다. 천국을 갈망하는 자세로 목숨이 다할 때까지 간구하는 그분의 모습에서 성자의 모습을 발견하였고, 살아남은 자들에게 참 죽음의 자세를 보여서 산 후배들에게 귀감이 되었음은 물론이다. 일단 죽음을 각오한 이상 삶에 미련을 두지 않는 냉철한 판단과 천국의 갈망으로 인한 기쁨과 소망으로 이생에 전혀 미련을 두지 않는 비장함이 감도는 신앙적 강직함이 나를 돌아보게 했다.

눈물이 많은 나는 솟아나는 눈물을 훔치느라 애를 먹었지만 그래도 나 자신조차 비장함마저 드는 것은 내가 본 죽음가운데 이런 죽음도 행복한 죽음이라는 사실을 새삼 느껴 보는 것 같아서 내 자신의 임종 순간을 미리 그려보기도 한다. 이생에 이별은 슬프지마는 저승의 천국 소망으로 오히려 슬픔도 괴로움도 승화되는 순간이 진실로 위대하고 거룩하게 보이는 것은 나만의 감정이 아닌 듯싶다. 이런 죽음이라면 오히려 죽음이 성스럽고 숭고하기조차 하다. 울음이 없는 죽음의 자리에 동양적인 예절에서는 오히려 조금 민망할 정도다. 그러면서도 신앙의 측면에서 본다면 참으로 행복한 죽음을 보는 것 같아서 아이러니하게도 슬픔보다는 슬픔을 승화한 죽음을 보는 것 같아서 평온한 마음을 유지할 수 있었다.

행복한 죽음을 맞는다는 것이 쉬운 일이 아님을 알기 때문에 성스럽고 행복한 죽음을 이야기할 수 있음을 감사하게 생각하면서 나를 돌아보는 기회가 되었고 죽음에 다가가는 자신에게 지금 무엇이 더 필요한가를 생각하게 하는 기회가 주어진 것을 감사하고 있다.

– 사돈 서정배 목사님 영결

(2016. 5. 30.)

# 2

# 장수나무

# 갱시기

타작마당이다. 보리타작은 항상 새벽이 제격이다. 여름 더위가 시작되는 때가 감꽃이 피고 단오가 막 넘어가는 때인지라. 한낮에는 더워서 새벽을 택해서 타작을 하는 이유다. 이런 때 아침에 요기를 하고 일을 시작하는데 그 음식이 갱시기다. 만만한 게 갱시기여서 새벽에 다른 음식을 생각해본 적이 없다. 어머니는 미리 우리보다 먼저 일어나셔서 갱시기를 끓여 놓고 대기하고 계신다. 일어나자마자 갱시기 한 그릇을 형과 나는 해치웠다. 그리고는 새벽인데도 땀이 팥죽같이 쏟아지게 열심히 탈곡기를 밟아 기계 돌아가는 소리가 온 동네가 떠나갈 정도였다. 그러고서도 학교 갈 시간이 되면 얼른 찬물로 멱을 감고 가방을 챙겨서 20여 리나 되는 거리를 자전거로 달려

학교로 향했다.

이 갱시기가 요즘 와서는 먹기 어려운 음식이 되었다. 혹가다가 김천지방 아주 작은 음식점에 메뉴로 나오기도 하지만 거의 사라져 가는 음식이라 해도 과언이 아닌 듯하다. 혹시는 지금도 초상집에서 자정이 넘으면 밤을 함께하는 손님과 상주 그리고 친인척이 끓여 먹는 정도로 밤을 지새우는 데 요기 음식으로 나오기도 한다.

그러나 갱시기는 원래 일제 치하를 견디면서 배고픔을 이겨낸 음식이다. 감자 철에는 감자를 많이 넣어서 먹었고 겨울철에는 고구마를 많이 이용한 고구마 갱시기가 주였다. 식은 밥 한 덩이만 있으면 족했으니 양식이 부족했던 시절에는 절식의 효자노릇을 톡톡히 해낸 것이다. 어머니들에게는 곡식을 절약하고 노력이 덜 드는 가장 좋은 방편이기도 했다. 만들기 쉽고 찬이 필요 없는 한 땟거리였다.

갱시기는 지금도 향수를 불러일으키는 음식이다. 아마도 영남지방에서는 개앙시기로 많이 이름하여 오고 그 중에도 경북지방에만 많이 퍼져있던 음식이다. 지금은 사라져 가는 음식이라서 더 친근감이 간다.

나는 제일 가까운 사람을 만나면 갱시기를 먹자고 권한다. 보통 사이가 아니면 이런 음식을 먹자고 할 수도 없는 값싼 말 그대로 요기 음식이다. 그래서 친한 사람이 아니면 아예 권할 수 없는 것이다.

최근에 황악산 직지사 가는 길목, 기차 길옆에 이런 집이 있어 몇 번 먹으러 간 적이 있다. 그러나 그 옛날 얼큰하고 시원한 맛이 없고 그저 죽에 더 가깝게 끓여 내놓은 것을 옛날 생각하면서 먹었다. 어머니가 해주던 걸쭉한 갱시기가 아니어서 실망스럽지만 그런대로 요즘 맛을 살려서 먹을 만했다.

양식이 모자라서 늘 애태우는 춘궁기라고 보릿고개를 당하면 먹을 것이 없던 시골의 마을에는 햇보리가 나오기까지 배를 채울 것이 마땅치가 않았다. 보릿고개에는 어머니와 누나들은 들로 나가서 쑥을 뜯어오고 남정네들이 송구를 벗겨왔다. 소나무 껍질을 벗기면 나오는 하얀 속 껍질을 송구라 해서 송구를 벗겨서 말려 가루로 만들어 먹었다. 어머니가 뜯어온 쑥에 밀가루를 묻혀 삶아내면 훌륭한 먹을거리가 되었다. 때로는 쑥을 많이 넣고 밥을 몇 덩이 넣어서 갱시기를 만들기도 했다. 이처럼 갱시기는 춘궁기에 제일 많이 먹던 음식으로 무엇으로 재료를 하든 상관없지만 그래도 제일 흔하게 하는 갱시기의 요리법은 의외로 간단하다.

갱시기의 재료 중 제일 많이 사용된 것이 경상도 방언으로는 콩지름이었다. 콩나물은 갱시기에도 필수지만 술에 취한 남정네들의 아침 술국의 주가 콩나물인 것을 봐도 얼마나 콩나물이 많이 이용되었는지를 짐작케 한다. 이처럼 콩나물이 갱시기의 주 재료였다.

먼저 콩지름 한 움큼을 다듬고, 큰 멸치를 10여 마리 넣고 물을 끓여 육수를 만든다. 육수를 내는 동안 여름에는 주로 감자를 겨울에는 고구마를 긁어 준비한다. 감자나 고구마 껍질을 벗기느라 반이나 닳아서 반동가리가 나 있는 숟갈을 집집마다 하나씩은 가지고 있었다. 그만큼 감자껍질 벗기고 고구마를 다듬는 데 많이 사용된 숟가락이다. 육수가 다 끓으면 거기다 콩나물과 고구마나 감자를 대충 썰어 넣고 묵은 김치를 듬성듬성 썰어서 넣고 찬밥 한 덩이를 넣는다. 양념과 간은 김치 국물로 맞추고 때로는 정구지나 파를 넣어 끓인다. 조금 얼큰하게 먹으려면 고춧가루를 넣고 간장이나 소금으로 간을 맞추면 찬이 필요치 않은 편리한 음식이다. 설전이거나 정초에는 가래떡을 조금 넣기도 하고 국수를 넣고 끓이기도 했다.

요즘에 와서는 별식으로 밥맛이 없을 때 이것저것 남은 음식으로 김치도 넣고 때로는 떡가래도 넣어 먹으면 역시 맛이 어우러져 입맛을 돋우기도 한다. 전국적으로 퍼져 있지만 경북 서북부인 김천지방의 음식으로 요즘 와서는 갱시기, 개앙시기 혹은 다른 지방에서는 경상도식 콩나물 국밥이라고 해서 후식으로나 별식으로 혹은 드물게는 추억의 음식으로 몇 음식점에서 취급하고 있다.

요즘도 나는 몸이 감기 기운으로 으슬으슬 추워 오면 얼큰

한 갱시기에 고춧가루를 얼큰하게 해서 한 그릇 해치우면 땀이 온몸에 나면서 몸이 개운함을 느끼면서 한잠 자고 나면 감기가 달아난다.

지금도 잊히지 않는 맛은 역시 어머니가 만든 새벽녘의 갱시기 맛이다. 아직 추위가 맹위를 떨치는 설 아래 나는 새벽에 일어나 20여 리나 되는 김천역으로 걸어가야 될 형편이었다. 첫새벽에 일어나니 아직 날이 샐 기미도 없이 어둠이 마당을 덮고 있었다. 어머니는 언제 일어나셨는지 이미 부엌에서 불을 지피고 계셨다.

겨울밤의 5시는 아직도 한밤이었다. 이 시간에 출발해야 아침 통근 열차를 탈수 있다. 나는 아침식사는 아예 안 하려고 생각했지만 어머니는 이미 갱시기 한 그릇을 차려 내놓았다. 추위에 그냥 가면 안 된다고 할머니의 성화도 한몫을 했지만 이날 아침의 갱시기는 맛이 특이했다. 어머니가 대학 입학시험을 위해 떠나는 아들을 위해 정성 들인 음식이라선지 맛이 참 좋았다. 한 그릇을 해치우고 땀을 훔치는 내 모습에 할머니도 어머니도 형도 흐뭇해했다.

지금까지 먹어본 음식 중에도 그날 아침의 갱시기는 항상 맛있는 추억으로 되살아난다. 훈훈한 가족의 사랑과 정성이 더했을 갱시기, 오늘도 그날의 맛을 그리워하며 가족의 정을 기린다.

# 공 서방

어느 날 갑자기 나타난 부랑아, 그는 생김새부터 희화적이었다. 그는 별로 기억에 없는 고등학교 동기였다. 그런대로 쉽게 동기라는 이름 아래 가까워지고 어렵잖게 친목으로 만났다. 그는 만나는 첫날부터 독설이 심했다. 잘못 이해하면 꽤나 어려울 것이라고 선입견을 가졌지마는 그는 해학적인 면도 있어서 겨우 조화되고 있었다. 입에 발린 게 X새끼였다. 친구들이 처음에는 모두 어리둥절했지만 날이 가고 해가 갈수록 그는 모임의 감초 역을 단단히 했다. 욕설과 독설로 항상 분위기를 쥐락펴락했다. 유머와 위트가 넘친다. 그러다 보니 정작 진담인지 농담인지를 분간하기가 어려웠다. 그에게 모두들 공 서방, 공 씨 혹은 공가라고 불렀다. 성이 공 씨여서 공 서방,

공가이지만 다른 친구들에게는 잘 쓰지 않는 호칭어이다. 외지 친구와 교유도 많았고 서울에서 살다가 와선지 통도 컸다. 나중에 들은 바로는 그 나이가 되도록 부부 단 둘이만 살았다. 부부 스트레스로 일부러 그런 행동을 취했는지 알 수 없으나 다분히 지나칠 정도로 욕설이 많고 염치니 예의가 없었다. 친구의 아내를 만나면 서슴지 않고 포옹하려 하고 더러는 X년이라는 극언도 사양치 않는 부랑아 같았다. 갑자기 당하는 부인들은 황당하다. 예의를 차리는 부인들은 몹시 언짢아하고 만나기를 꺼리는 사람도 있었다.

공가는 좋아하는 사람과 싫어하는 이가 아주 뚜렷하다. 세상을 비웃는지 아니면 세상을 즐기는지 거침없이 행동하고 소위 막가파 같은 행동으로 잘못 보면 아주 부정적일 수밖에 없다. 그런 반면 친구들의 경사거나 흉사거나 틀림없이 참석하여 도와주는 일에 몸을 아끼지 않는다. 그래서 세상을 무사히 넘어가는지도 모른다. 좋은 점이 나쁜 일을 이기고 가는가 보다.

그가 저세상으로 가기 전 마지막 동기회에서

"야 X새끼들아 그만 처먹고 얼른 가! 돈 많이 나와. 너 임마 일찍 뒈져라! 그래야 네 초상 술 얻어먹지. 내가 마지막으로 남아 계금 정리하고 가야겠다. 야! X새끼들아 얼른 뒈져라. 네 마누라들은 내가 다 책임질게."

이런 말을 남기고 헤어진 지 이틀 만에 병원에서 만났다.

온몸이 화상으로 꼼짝도 못 하고 소리만 지른다. 이제는 알아듣지도 못하는 소리를 고래고래 질러댄다. 그렇게도 친구들에게 일찍 뒈지라고 악담을 하던 친구가 아이러니하게도 일주일 만에 고인이 되었다. 뒤에 화재로 인한 화상의 원인을 알고 보니 역시 공가다운 면이 있어, 죽음에 머리가 숙여지고 숙연해진다.

공가가 친구의 사업장에 일을 도우려고 갔다가 그 사업하는 친구의 친척에 의한 방화로 화재가 났다. 일하는 종업원들과 같이 일을 돕는데, 삽시간에 불길은 집을 에워싸고 화마는 덤비었다. 공씨는 재빠르게 몸을 피했지만 같이 있던 여자들은 그렇지를 못했다. 자기만 불을 피한 것을 안 공가는 주저없이 다시 불속으로 뛰어들었다. 화염 속에서 사람을 구하려 발버둥치다가 온몸에 화상을 입고 탈출은 했지만 화상으로 치명적 결과를 초래했다.

장례식에 나온 친구들은 한마디씩 내뱉었다.

"그 자식 뭣 때문에 다시 뛰어들어."

"병신 새끼, 미친 자식이지. 지가 뭐 용감하다고 말이야 참."

"그 자식 지가 늘 먼저 가라고 하더니 허허."

"하여간 좋은 놈인데, 불행한 일이야."

"아 그래 왜 다시 불에 뛰어드느냐 말이야."

"죽으려고 씐 게지 뭐."

"이제 욕할 놈 없어서 동기회가 심심하겠네 그려."

그렇게 각기 한 마디씩 해댔지만 비꼬는 말 속에는 안타까움이 더한가 보다. 그가 절박한 순간에 보여준 무의식적인 행동으로 볼 때 그의 평소 생활 속에 숨겨진 인간성을 보는 것 같다. 그의 마지막 행위가 객관적으로 볼 때는 바보스럽지마는 그것은 인간적인 면을 간과한 말이다. 사랑하는 아내를 두고 자기 죽음을 생각했다면 누가 다시 불속으로 뛰어들까마는 그는 어떤 생각 이전에 사람을 살려야 한다는 일념으로 화마도 무섭지 않고 구명만을 생각하며 다시 뛰어들었을 것이다. 사람은 어려움에 처해봐야 그의 진가를 알 수 있다고들 한다. 그의 평소와 다른 이면에 있는 의기와 의인적인 면을 간과하고 있었던 듯하여 마음이 아프다. 그는 남들이 쉬 할 수 없는 일을 한 것이다. 죽어 말이 없지만 살아 있다면 진정 의인의 희생적 정신을 발휘했다고 회자될 법하다. 스스로를 희생하면서 타인의 목숨을 구하려 한 숭고한 정신을 보는 것 같아 마음이 안쓰럽다. 한편 공씨의 행동에 부정하는 이들도 사실은 공씨의 희생정신에 감동을 안고 가리라 여겨본다.

나밖에 모르는 친구들에게 그는 마지막 가면서 희생을 보여주고 갔다. 공가는 공가다운 면모를 보여주고 장렬하게 세상을 떠났다. 남은 친구들에게 마지막 떡을 먹여 주고 그는 먼저 가버렸다.

# 장수나무

우리 집 곁에 작은 동산에는 큰 소나무, 아름드리 소나무 한 그루가 우뚝 서 있다. 이 소나무를 동네 사람들은 장수나무라 불렀다. 장수나무는 내 어릴 적부터 지금까지 의연히 서서 동네를 굽어보며 온 동네 사람들의 희로애락을 다 듣고 보고 있다. 동네의 온갖 일화를 다 간직하고는 의인처럼 도사처럼 그렇게 말없이 서 있다.

우뚝한 모습에 우선 압도된다. 낙락장송이다. 그러면서도 사시사철 늘 푸르게 선 모습에 나약한 인간들은 압도되어 머리가 조아려진다. 그러면서도 봄이면 미풍에도 같이 흥을 더하여 너울거리고 벌과 나비며 참새 굴뚝새며 온갖 미물에게도 마음을 열어 숨겨주고 잠재워 준다.

한겨울에는 부엉이를 초청하여 고이 잠든 동네의 한밤중에 사람들을 무서움에 오돌돌 떨게도 한다. 한겨울밤에 울어대는 바람 소리에 잠을 못 이룬다. 바람이 거세어 가지를 떼어 주는 강풍에도 늠름하게 자기의 품위를 지키는 위엄이 있는가 하면 포근히 쌓이는 눈을 이고 겨울을 이겨내는 내공을 가졌다. 북풍한설도 매서운 칼바람도 늠름히 이기는 동네의 수호목이다.

여름에는 시원한 그늘뿐 아니라 푸른 바람을 불러서 사람들을 쉬게 하고 오월 단옷날에는 동네의 처녀총각을 불러서 그네를 드리우고 너털거리며 동네 처녀총각들에게 웃음을 주고, 동네 사람들에게 휴식을 주기도 한다.

일곱 살에 아버지를 여읜 나는 늘 장수나무 아래에서 아버지를 그리며 꿈을 키웠다. 장수나무는 아버지같이 나의 마음을 감싸주었다. 마음의 아픔도 외로움도 즐거움도 늘 함께해주는 나의 안식처 같은 존재였다. 우리 아버지는 늘 흰 두루마기를 입으셨다. 이것이 외출복이다. 아버지는 늘 자전거를 끌고 나가셨다. 일제부터 6·25 남침 때에도 항상 시골을 지키는 면직원이었다. 동네를 위해 일하는 모습이 역력하여 어린 우리들도 늘 그런 분이라 여겨왔다.

한국동란 때에는 공산군을 피해 다니느라 가족과 피란도 못 하고 산으로 피신해야 했다. 몇 달을 산속 움막에 사시다가 동란이 끝나고도 죽을 고비를 많이 넘긴 탓인지 시름시름 앓으셨다. 서울서 피란 온 의사가 맹장염이라고 수술까지도 얘기했지만 개복하는 현대 의학을 동네 사람이 다 말리는 바람에 수술도 못 하고 아버지는 그렇게 세상을 떠나시고 말았다. 아버지는 서른 중반에 지금 보면 하찮은 병으로 세상과 하직했다.

사람들이 아버지 이야기를 할 때마다 동네를 지키며 내려다보고 있는 소나무를 생각했다. 왜 나는 소나무를 아버지같이 여겨 왔는지를 알 수가 없다. 장수나무는 항상 푸르게 서 있고 우리 아버지는 일찍 돌아가셨음에도 내가 왜 자꾸만 동일시하는지 이유를 모를 일이다. 즐거울 때나 괴로울 때나 희로애락을 나누며 그렇게 세상사를 공유하며 살아 온 것이 이상하기만 하다.

하모니카도 장수나무 뿌리를 걸터앉아 배웠고 사랑의 슬픔도 장수나무 아래서 느꼈다. 여윈 아버지가 그리울 때는 장수나무를 찾았다. 그때마다 장수나무는 우뚝한 기상만큼이나 나에게 의지를 심어주고 푸르게 낙락장송이 너울거리듯 나에게 낙천성을 안겨 주었다. 방학 때는 말할 것도 없이 평소에도 늘 사랑방을 찾듯이 저녁만 먹으면 장수나무에게로 갔고, 나무 아래 뿌리가 의자가 되어 나를 맞았다. 아버지가 안 계시는 빈 공간을 형님이 대신했지만 나는 늘 장수나무가 더 좋았고 의지가 되었다. 고향 동네를 떠나온 지 어언 50년이 넘었다. 세상에 절어 살면서 늘 잊히지 않는 고향의 그림자는 장수나무 주변에서 맴돌고 있다. 이제는 우리 집도 사라지고 골목길도 바뀌어서 마음으로만 그리는 고향이요 고향 사람들도 세대가 바뀌어 아는 이가 그리 많지도 않다.

지금 동산에 올라 보면 허망함만 느낀다. 악동들과 뒹굴던 오두막 지에는 가시나무와 잔솔나무가 가득하여 발을 들여놓을 수가 없고 쉽게 오르던 길마저 사라진 지 오래된 것 같다. 없는 길을 헤치고 올라본 장수나무는 오늘도 나를 반기듯 너울춤을 추는데 이제는 다 떠나가고 나 홀로 추억을 씹는다.

흰 두루마기로 너울너울 나가시면서 큰기침하시던 아버지, 나를 당신의 자랑으로 늘 동네에 큰 자랑거리로 사는 보람을 찾으시던 형님은 나를 두고 일찍 세상을 떠나셨고 나를 그렇게 따르며 조석으로 골목에 내 자전거 기척만 나면 나와서 반기던 아이는 멀리 떠나가 버리고 말았다.

온갖 동네의 내력을 다 품에 품고 오늘도 묵묵히 서 있는 장수나무는 흘러간 세월도 다가올 시간도 초월한 듯이 그렇게 서서 나를 맞이해 주고 있다. 사람마다 모두가 할 말들이 다르겠지만 나는 이 소나무가 고향에 남은 터줏대감으로 마음속에 살아 있는 마을의 지킴이로 여겨진다.

때로는 나의 청운의 아버지, 형님이 돌아가신 후로는 나의 형님으로만 여겨지던 장수나무는 나의 수많은 일화들을 숨긴

채 오늘도 묵묵히 그대로 서 있다. 사람들이 모르는 동네의 온갖 내력을 간직한 채 그대로 말없이 가려는 의인 같은 풍모로 서 있다. 6·25의 수많은 이야기를 일화처럼 남기고 한 마디 말도 없이 가버린 아버지같이 지금도 살아서 이야기를 할 것 같은 장수나무가 우뚝 서서 나를 압도한다.

초연히 서 있는 나무 위로는 오늘도 흰 구름이 흐르고 바람도 휘저어 오고 산새들이 끊임없이 와서 지저귄다. 장수나무는 그래서 더욱 살아 있는 사람같이 신비하게 보인다. 작은 일도 큰일도 동네의 온갖 일화도 다 숨기고 동네의 희비애락을 다 떠안고 말없이 다 안고 떠나가신 아버지의 모습만 어린다.

(2015)

# 길

어제는 옛날의 모래 신작로 길을 혼자서 걸었다. 나의 청소년기에는 주로 신작로 길을 걸었다. 버드나무 늘어선 신작로는 말만 들어도 운치가 있는 듯하고 매미 소리를 연상케 한다. 신작로를 걸어서 20여 리나 넘는 학교에 통학을 했다. 자전거를 산 후로는 자전거로 먼짓길을 왕복했지만 신작로는 모래와 자갈을 봄가을로 깔고 있어 자전거 타기에도 여간 고된 일이 아니었다. 대부분 학생들이 걷던 시절이라서 혼자 탈 엄두를 낼 수 없다.

아침 등굣길 먼저 보이는 대로 학생을 싣고 가는 수가 많다. 여름 아침에는 땀이 범벅이 된다. 항상 땀 냄새는 그칠 날이 없다. 한 벌밖에 없는 교복을 이틀만 입어도 고약하다. 나는 그래도 형님의 배려로 자전거라도 있으니 망정이지 대부분 걷기 일쑤다.

걸을 때는 버스를 타야겠다고 마음 한 번 먹어 본 적도 없는 것이, 버스라야 진주와 거창행이 있는데 가까운 거리는 세워 주지도 않았고 탈 엄두조차 못 냈다. 오직 왕복 60여 리를 타박타박 걸어서 통학할 수밖에 없는 여건이었다. 비가 오거나 자전거에 고장이 나면 나 역시 걷는 도리밖에 없는데 학교의 첩경이랍시고 큰 산을 하나 넘는 등산길로 접어들기도 한다. 새벽 산길은 도착하면 너무나 힘들고 맥이 빠졌다. 더구나 농무가 끼여 앞을 분간할 수 없는 경우도 있어서 진퇴양난일 때도 많다. 조심조심 발걸음을 내딛다 보면 푸드덕 홰를 치며 꿩이 하늘로 솟고, 노루마저 놀라 뛰어 내닫는다. 이때에는 온몸이 긴장되면서 머리털이 빳빳해짐을 실감한다. 자칫 혼비백산할 것 같다.

그래도 5월이 오고 신록이 온 산을 덮으면 초파일이 기다려진다. 이날은 특별히 할머니와 동행할 수 있는 날이라서 기다려졌다. 할매는 이날이 오기 전에 쑥을 뜯어 쑥떡을 만들고, 반찬을 만들어서 밥을 준비하고 새벽길을 나선다. 도란도란 이야기를 나누면서 오르는 산길이 이날만은 지겹지도 고되지도 않다. 물이 청량한 도랑 가에 앉아서 떡과 밥을 펴 놓고 아침밥을 먹는다. 여기서부터 나는 학교로 할매는 절로 헤어져야 한다. 인정이 많던 할매는 헤어짐이 그리도 애처로운지 가다가 멈추고 손짓을 몇 번이나 했다. 애틋함이 지금도 남았는지 할매 꿈을 꿀 적마다 할매는 지금도 그 길에 서서 손을 흔들고 계신다.

이 고장에서는 가을이 되면 시군민이 모여 시민 대운동회를 열었다. 내 초등학교 6학년 때, 나도 시민 대운동회에 선수로 참석하기 위해 학교에서 코치까지 들여서 육상 연습을 열심히 했다. 차츰 자신감도 붙었다. 막상 운동회 당일 아침이 되어서 문제가 생겼다. 릴레이를 뛰는 친구들과 새벽에 학교에 갔지만 인솔자가 아무도 나타나질 않았다. 담임선생님은 시내에 계셔서 인솔교사도 없이 우리는 무작정 걷기로 작정했다. 지나는 선배 중고등학생 형들도 만났지만 아무도 태워 주는 이가 없었다. 어린 마음이지만 '이제 잘 달리기는 틀렸구나' 생각하고 열심히 걸었다. 몇 달이나 힘들게 연습하고는 막상 당일에 아무런 대책도 없이 20여 리를 걷게 했으니, 애석하기도 했다. 어른들은 이미 도착해 있었다. 타박타박 걸어 도착할 즈음해서 연락이 온 것이 이제 막 달릴 차례니 뛰어 오라는 전갈이었다. 걸었으니 다리는 팍팍하고 머리는 무겁고 배는 고파서 걷기조차 힘든 형편일 때 출전 명령은 떨어졌다. 뛰어가 겨우 출전을 하고 순간도 쉴 틈 없이 또 넓이뛰기로 데려갔다. 어린 마음에도 무리다 싶어서 눈물이 핑그르르 돌았다.

지금도 그날만 생각하면 회한이 앞선다. 아무리 옛날이지만 경기에 출전하는 선수는 외면하고 대책 없이 시내에 거주한다고 먼저 와 있던 선생님, 결국 어린 아이들에게 회한의 못만 박아 준 운동회요 먼 신작로 길은 안타까움의 길이었다.

학창 생활을 마감하고 귀향해 직장 생활을 시작하면서 그동안 격세지감을 실감했다. 어린 시절의 신작로는 막 사라질 무렵이었고 버스도 제법 드나들었다. 그 날도 직장을 파하고 천천히 이제 아스팔트를 깔려고 준비하는 길을 따라 집으로 돌아오고 있었다. 동구 밖 신작로 길엔 주막이 있고 주막에 닿기 전에 봉사 집이 있다. 그곳이 버스가 서는 곳이다.

그런데 오늘은 낯선 처녀가 버스를 기다리고 서 있었다. 초면인 처녀에게 어떻게 용기가 생겼는지 나는 처녀를 자전거에 태웠다. 말만 한 처녀를 태우고 험한 자갈길을 다시 돌아 시내로 들어 왔다. 막상 호기를 부렸지만 내심 진땀이 났다. 그녀는 초등학교 선생님으로 첫 부임한 날 나를 만나서 인연이 되었던지 지금까지 같이 살면서 금슬을 맺었다. 험한 신작로 길에서 만난 선생님은 나와 시골 오솔길도 가시밭길도 마다치 않고 열심히 걷고 있다.

삶이란 곧 길을 간다는 뜻이요, 그래서 삶을 인생길이라 하지 않던가. 오늘도 내일도 끝없이 가는 인생길. 수많은 길 중에서 어느 길을 택하느냐에 따라서 삶을 좌우하는 것 같아서 길을 다시 생각하게 한다. 더구나 길은 뚜렷한 의지보다는 크로토 여신이 작용을 하는 것 같아서 더욱 알 수 없는 일로 치부된다. 크로토 여신이여 행운의 길로 인도하소서.

# 난

난초를 좋아한 우리네 선비들은 옛날부터 난을 사랑하고 가까이 하여 병풍이나 동양화의 한 화풍을 이루다시피 해서 난이 그림의 한 분야의 소재로 많이 이용되었다. 사군자라 해서 매화 난초 국화 대나무로 일컬어 왔으며 봐도 매란국죽은 군자의 품성이 풍긴다. 나도 어릴 적부터 난을 사랑하고 완상하는 편이어서 관심이 많았고 난이 있는 분위기를 좋아한다. 그래서 우리 집에도 난을 몇 분 가지고 있다.

가람 선생은 난을 이렇게 노래했다.

빼어난 가는 잎새 굳은 듯 보드랍고
자줏빛 굵은 대공 하얀 꽃이 벌고
이슬은 구슬이 되어 마디마디 달렸다.

본디 그 마음은 깨끗함을 즐겨 하여
정한 모래 틈에 뿌리를 서려 두고
미진도 가까이 않고 우로 받아 사느니라.

이처럼 준수하고 탈속적이며 청초하고 고결한 난을 우리네 선조들은 사랑하고 가까이 했다. 아마도 우리 조상들은 외유내강의 군자를 선망하며 난의 모양과 기질이 군자와 같다고 하여 귀한 난을 옆에 두고 가까이 하고 때로는 관조하며 완상한 듯하다.

다행히 요즘에는 난을 기르고 판매하는 대량 생산이 가능해서 우리같이 빈한한 서민에게도 난을 가까이 할 시간이 제법 많아졌다. 귀한 난이나 값비싼 난은 아니라도 풍란이나 동양란 몇 분은 옆에 가까이 할 수 있어 그나마 다행이라면 다행이다.

우리 집에도 10여 분의 난을 기르고 있다. 아침저녁으로 가끔씩 완상玩賞하여 향기에 취해 보기도 하며 친구가 되다시피 같이 한다. 이래저래 행사가 있을 때 또 생각이 여유로울 때는 사 오기도 해서 모은 것이다. 처음 몇 년은 실패를 하여 죽기도 했지만 이제는 제법 난의 성미도 알아서 꽃도 피우고 죽는 일은 없이 마루에 두고 즐기고 있는 중이었다.

하루는 아침부터 아내가 마루를 오가며 열심히 청소하고

닦고 야단스럽게 설쳐댔다. 잠결에 들으니 오늘 교회서 심방을 오는 날이란다. 심방은 교회의 연례행사로 성도들의 가정을 방문하여 가정에 희비와 소망과 형편을 알고 목사님과 장로님 구역장과 강사를 포함해 칠팔 명이 함께 교인들의 가정을 방문하여 기도하고 예배하는 교회 행사다.

나는 아침 느긋이 늦잠을 자고 그러려니 하고 밖으로 나오니 음식도 차리고 과일도 마련해 놓고 아내는 직장에 나가고 없었다. 위에는 메모지 한 장이 있었다.

"여보, 오늘 심방에는 당신 혼자 잘 맞이하세요. 지금 해 놓은 것 조금도 흩뜨리지 말고 어질지 말아요. 다녀올게요."

나는 느긋이 일어나 고맙게 여기며 마루로 시선을 돌리는 순간, 어! 하고 숨이 멎는 소리를 내고 말았다. 화분에 물까지 주고 화분대까지 말끔히 닦고 청소를 정성스럽게 해 놓았다. 당연히 고맙고 칭찬할 만하고 화초들에게 가위를 대어 예쁘게 전지한 것이야 이해가 가지만, 난초에 가위를 대어 난이 마치 옛날 여학생의 단발머리를 연상하게 하듯이 가지런히 반듯하게 잘리어 있지 않은가. 난의 가지마다 끝을 잘라서 아이들 이발을 가지런하게 해놓은 꼴이었다. 손님맞이 한다고 아침 일찍 일어나 일한 보람이 난에 수난을 당하게 했으니 참으로 할 말이 없었다.

혼자 속앓이를 하고 있는데 손님들이 들이닥쳤다. 너무 심하게 잘린 난만 뒤로 옮기고 그대로 예배를 다 끝냈다. 마루를 오가며 구경하겠다고 살피던 심방대원들이 난을 먼저 발견하고는 왜 난을 잘랐느냐고 물어 왔다. 할 말이 없는 나는 "목사님 오신다고 이발했어요." 하고 태연한 척했지만 모두들 한바탕 폭소가 터지고 말았다. 손님을 정중히 맞으려는 마음은 가상하나 난이 수난을 당하고 말았다. 난은 원래 잎새가 길고 끝이 빼어나서 수려하여 준수하고 기개가 나타난다고 하거늘 끝을 모두 잘랐으니 난으로서는 욕되는 모습이 되고 말았다.

과공비례過恭非禮 ; 지나친 공손은 예의가 아니다란 말이 있다. 아내의 손님맞이 마음이 너무 지나쳐 난이 수난을 당하고 말았다. 그래도 손님에게는 비례가 아니어서 다행이다. 아내의 지나친 손님맞이가 탈이지만 아내만 탓할 것이 못 되는 것은 내 늦잠이 더 문제이기도 했다. 아내는 "끝이 조금씩 마른 듯하여 조금 자르다 모두를 자르는 것이 더 보기 좋아 잘랐다" 하는 변명에 나는 그저 소이부답笑而不答, 탓할 말이 없었다.

이 난이 빼어난 잎새로 다시 나기 위해서 더 정성을 들여야 할까 보다. 얼마나 기다려야 새싹이 돋아 본모습이 날까. 그래도 마음 한구석 흐뭇한 것은 아내의 마음씀씀이다. 손님을 극진히 대접하라는 성경말씀을 따라, 오직 손에게 다하는 그 정성만은 더없이 고마울 따름이다.

(2009. 9. 29.)

# 먼지 묻은 일기장

"1979. 1. 15. 월 새벽 5시 30분 기상

맨 먼저 일어난 학생이 "눈이다!" 하고 외치는 소리에 모두들 일어나기 어려운 몸을 벌떡벌떡 쉽게 일으킨다. '이놈 공갈치는구나' 하고 속으로 생각했다. 그러나 밖의 탄성 소리가 사실임을 입증하고 있었다. 어제 저녁 별이 너무도 빛났던 것을 봤기 때문에 나는 이 상황에 한편 의아해하면서 기대밖의 손님에 눈을 뗄 수가 없었다. 밤사이 소리 없이 온 눈은 마치 소식 없이 들이닥친 친한 벗 같아서 경이驚異와 반가움이 더할 수 없다.

눈은 나에게도 다른 누구에게도 포근한 친구가 되고 그리움을 낳는다. 사람뿐 아니라 모든 삼라만상에 천사처럼 내려

앉아 모두를 즐겁게 한다. 눈은 개에게도 반가운 친구가 된다. 오히려 사람보다도 더 친숙한 것이 개인지도 모른다. 눈 오는 날 개는 눈이 좋아서 어쩔 줄을 모른다. 홀로 선 나무조차도 흰 눈을 이고 꽃을 만들고 잎도 만들면서 한껏 눈과의 사랑을 꽃피운다. 어디 나무뿐이랴. 바위도 풀도 눈 오는 대지는 공평히 축복을 받는다. 어느 시인이 말했듯이 월백설백천지백月白雪白天地白이다.

눈 내리는 날은 옛날부터 거지들의 빨래하는 날이라고 말한다. 그만큼 날이 포근하고 따뜻하다는 말이다. 눈은 서민에서 고관대작까지도 반긴다. 흰 눈이 펑펑 내리면 누구나 소망을 한 가지씩 하늘에 축수하기도 한다. 하나님은 이날만큼은 자기 정체를 알리려는 듯 흰 눈을 통하여 모두에게 평화의 세계를 만들어 주신다. 종교적 신자든 비신자든 이날은 하늘을 우러러 하늘에 감사하는 마음을 갖는다. 이날만큼 하늘의 신비와 오묘함을 느끼는 경우는 그리 흔치 않다. 노인에게는 내세에 대한 소망을, 처녀들에게는 백마 탄 왕자를 그리게 한다. 가난한 이에게는 풍요를 느끼게 하고 고향 떠난 나그네에게는 향수를 느끼게 한다. 병든 자에게 소망을 갖게 하고 건강한 이들에게는 사랑하는 이에게 연민을 느끼게 한다. 눈이 주는 마음은 어머니의 넓고 포근한 마음이다.

밖에서는 눈이 미명을 깨우며 깊은 수렁을 빠져나오듯 어둠 속에서 윤무하며 내린다. 난로 옆에 앉은 K선생은 시 한 수가 그리워진다고 하고는 말이 없다가 고향에서 고구마 구워 먹던 냄새가 그리워진다고 회상에 잠긴다. 백설은 애애皚皚하게 나무 사이로 곡예를 아끼지 않는다. 그러면서 먼저 온 눈은 꽃을 만들고 나중 놈은 나비가 되어 춤춘다. 오늘만은 고목일수록 더 소복소복 쌓인 품이 다른 어떤 싱싱한 나무보다도 더 기품이 철철 넘쳐흐른다. 교실에서는 조개탄 난로가 발갛게 달아오른다.

지난밤에 무단 외출한 K가 눈을 함빡 맞고 웃으며 들어와 용서를 빈다. 눈이 핑겟거리니 할 말이 막힌다. 밤중에 변을 보러 갔다가 눈이 좋아서 밤길을 하얗게 새웠다는 말에 아침의 분위기를 깨는 듯하여 말을 멈추기로 했다. 나의 눈 오는 아침을 깨고 싶지 않은 마음이 학생은 의외인 듯 고개를 숙이고 저도 말없이 물러났다 눈이 내려 눈을 맞으며 한없이 걸었다는 해명에 내 마음도 눈 녹듯이 녹았다. 세상이 평화로운데 용서하지 못할 일이 무엇이랴. 오늘만은 아침부터 애들과 토닥거리기 싫다. 그저 알았다고 하고는 멍청히 바깥에 눈이 내리는 세상만 응시하고 있다."

학교 초임 때 쓴 합숙 일기의 하루다. 오늘도 그때처럼 눈 오는 날이고 마침 휴일이어서 일기장을 뒤적거리다가 70년대 눈 온 날의 일기장을 발견하고 읽어보니 어쩌면 그때나 지금이나 눈 오는 날의 정감은 변함이 없구나 생각하였다.

1970년대 중반에 지방 일류를 자처하는 우리 모교는 이미 60년대 초반부터 여름 방학과 겨울 방학만 되면 합숙을 하고 있었다. 여름에는 주로 한적한 시골 학교에서 혹은 절에서 선생님들과 같이 합숙을 하면서 공부에 열중했고 겨울에는 학교 안에서 교실에 난로를 가운데 피워 놓고 한쪽에는 잠자리를 만들고 둘러앉아서 공부로 밤을 새웠다. 나 역시도 이 학교의 학창 시절에는 청암사 절에서 여름을 합숙으로 보냈고 또 한 해는 부항 대야초등학교에서 공부한 적이 있었다.

그때나 지금이나 눈 오는 날이면 누구나 따스한 정이 그리워진다. 화롯가에 앉아서 노변정담을 나누는 모습과 인정은 별반 차이는 없다. 눈이 녹듯이 마음도 녹는다. 펑펑 내리는 눈에서 하늘에 천사가 내려오는 정감을 맛본다. 오늘도 눈 내리는 바깥을 내다보면서 그 옛날의 어린 학생들을 그린다, 이제는 모두가 중년도 지나고 장년들이 되어 있을 그들도 하늘의 선물을 통해 그 옛날을 그리워하고 있으리라,

다시 먼지 쌓인 일기장을 뒤적여 본다. 긴 시간의 터널을 지나고 이제는 바다에 다 와 가는 나를 발견한다. 그러나 세월은 흘렀어도 몸만 쇠하고 그때나 지금이나 정감은 변한 게 없나보다. 오늘도 바깥에는 그때의 눈이 쉴 새 없이 내리고

눈의 윤무는 그대로 펼쳐지고 있다. 차이가 있다면 그때는 젊어서 열정으로 제자들을 지도하고 사랑을 생각하고 그리움을 노래했건만 눈 오는 지금은 자식들을 걱정하고 내외의 건강을 기도하고 내리는 눈에게서 하나님을 발견한다. 나에게 다가오는 모든 삼라만상이 눈 속에서는 천사가 되기도 한다. 하늘에서 내리는 하얀 눈을 보며 지나간 그리움도 사랑도 다 이제는 한갓 꿈임을 생각하고 마음의 평정을 찾고 하늘의 은혜를 느낀다.

# 여생의 삶

바쁘게 살아 온 세월이었다. 지나온 세월이 너무 지치고 빨라 이제 한숨 놓고 좀 쉬어야 할 텐데도 막상 퇴직을 일 년 앞두고 명예퇴직을 하고 갑자기 할 일이 없어지니 너무 답답하고 막막하다.

'차라리 다 채우고 나올 것을.' 사실 퇴직하고 나와서 제일 어려운 일이 시간 관리였다. 남아도는 시간을 주체할 길이 막막했다. 사회에 봉사라도 하고 싶지만 한편 생각하면 평생을 일하고 단 몇 달이라도 좀 마음 놓고 쉬고 싶었다. 자선단체의 봉사 요청도 완곡히 거절하고는 오히려 시간을 어찌할 바 모르는 자신이 때론 우습기도 하였다. 시간이 금이라고 했다. 이 귀중한 시간을 덧없이 보낸다는 것을 내 평소 철학으로는 도저히 용납할 수 없었다. 건강을 위해 며칠마다 산을 찾고 있지만 시간은 그대로 남아도는 것 같았다.

요즘은 특별한 일이 없는 날에는 아주 작은 일거리가 하나만 있어도 그것이 하루 일이 된다. 그만큼 여유가 많아진 것은 사실이다. 그런데 이 남아도는 여유를 어쩌지 못하고 왜 안절부절못하는지 생각하면 우습다. 역설적이다. 학창시절에는 시험만 없으면 살 것 같았다. 그리고 직장생활 할 때는 직장만 끝나면 모든 것이 편할 줄 알았다.

내 이런 날을 얼마나 갈구했던가. 그러면서도 지금 막상 닥치니 여유를 관리하지 못하고 방황하는 모습이 때로는 어처구니가 없다. 한편 생각하면 갑자기 밀려온 시간에 예상하지 못한 불안감일 것이라고 치부해 보지만 막상 지금 옛날 일을 맡기는 사건이 일어난다면 나는 어떻게 할 건가. 아마도 당연히 거절할 것이라고 생각한다. 그럼에도 아직은 시간이 내 마음을 편하게 한 적이 없으니 아마 지금도 마음의 안정을 요구하고 있는지도 모른다. 아직도 여유를 즐길 줄 모르는, 그러면서도 여유를 요리도 못 하고 바라보고만 앉은 어리석은 우자愚者의 마음일 뿐이다. 이제 다시 일하기는 싫다. 그러면서도 이 남는 시간이 그저 아까워 못 견뎌 한다. 마음의 이중 잣대다. 한편으로는 쉬고 싶고 한편으로는 남는 시간을 이용할 줄 모르는 데서 오는 불안감이다. 나는 며칠을 끙끙 잠을 설쳐 가면서 해결 방안을 생각했다.

여기서 터득한 한 방법이 바로 느리게 사는 일이다. 세상은 모두 빨리빨리가 보편화되어 있지만 이제부터 나는 느린 삶을 살고 싶다. 세상이 각박하다고들 한다. 그래서 웃음도 없고 여유는 더욱 없어서 앞만 보고 달리는 현실이다. 옆 사람도 돌아볼 틈이 없었다. 더구나 이웃에게 미소 한 번 지어줄 틈도 없었다. 그렇게 살아 온 인생이라면 이제는 다 벗어나서 길옆에 비켜서서 지나가는 사람들을 구경도 하고 때로는 한 무리가 되어서 같이 가다가도 슬며시 벗어나서 쉬어도 가고 그래서 인생길에서 일탈하는 재미도 찾을 일이다. 나의 불안은 아직도 젊은이들과 함께 걸으면서 버둥거리고 있다는 착각에서 오는 정신 불안이다.

나는 종교인이다. 기독교의 장로다. 이제는 나의 종교에 더욱 심취해 보고 싶다. 나의 종교에 한 번쯤은 푹 빠져 보고 생을 재조명해 보는 것도 삶의 말기에 뜻있는 일 아닌가. 또 종교를 통해서 사회봉사도 해 보고 싶다. 남들은 한평생을 온전히 사회를 위해 자기를 던지기도 하는데 이제 황혼기에 내가 할 수 있는 일이라면 교회에 사회에 정성껏 봉사해 보는 일도 생의 보람이 아니겠는가.

나는 문학하는 사람이다. 늘 사색에 목말라 하던 내가 아니었던가. 이제 천천히 생각하며 나의 길을 가야겠다. 바빠서 못한 일들을 이제 여유롭게 하나하나 챙겨 가야겠다. 남들이 묻는 말도 그렇다. 이제 작품집이 또 나와야 하지 않겠느냐고. 독자가 먼저 내 할 일을 제시해 주고 있는데 나는 헤매는 나그네가 되지 않아야 할 소명이 있다.

나는 사회에 많은 빚을 지고 살아 왔다. 형에게 빚지고 살았다. 일찍 아버지를 잃은 안행 같은 형제였다. 흔히 형이 부모 맞잡이라고 하더니 역시 우리 형이 그랬다. 형에 비하면 나는 늘 어린아이였다. 자기를 희생하고 동생을 위해 한평생을 지게질로 살다간 형이 그랬다.

동네에 한 집도 대학을 보내지 않던, 공부를 시키지 않던 시절이었다. 이웃들은 형을 비웃기까지 했다. 그 시절에 형은 나에게 대학 가기를 고집했다. 형의 마음을 몰랐던 나는 실업고등학교로 가서 대학을 포기하고 싶었던 마음 약한 동생이었다. 형의 혜안이 옳았고 나는 무사히 대학을 졸업했다. 지금 생각하면 나의 한평생을 잘 이끌어 준 형이 고맙기 그지없지만 그 형마저 가고 없으니 참으로 안타까운 일이다. 형뿐 아니라 내 아내와 이웃과 모교와 모든 이에게 감사하고 산다. 그 빚을 갚을 길이 없다.

그래서 천천히 생각하며 조금은 느릴지라도 남에게 빚지는 일 없이 지금까지 진 빚을 느리게 느리게나마 갚고 싶다. 젊은 시절에는 빨라야 한다지만 이제는 직장도 짐도 다 내려놓고 세상을 관조하며 살고 싶다. 그래서 이 시간부터 마음을 새롭게 먹고 느리게 천천히 살련다. 이제는 시간을 요리 못 해서 마음 쓰지 않아도 될 것 같다. 마음껏 헤매어 본 시간의 유영 속에서 이제는 길을 찾고 목표도 찾았다. 교회도 사회에도 문학에도 마지막 불씨가 꺼질 때까지 불씨를 지펴볼 일이다.

# 물처럼 사는 지혜

유소년 시절에 물로 인해 당한 사건은 노인이 된 지금도 뇌리에 선하다.

아직 겨울도 채 가지 않은 이른 봄이었던지 바람은 서늘한데 햇볕이 너무도 따스한 맹춘이었나 보다. 연못가에 고무신을 나란히 벗어 놓고 우리 불알친구 셋은 연못 속에 파란 하늘이 좋아서, 싱그럽도록 좋아서 물가에 서서 물속을 응시하고 있었다. 연신 나왔다가 사라지는 참가재를 보면서 온 정신이 빠져 있었다. 물속의 파란 하늘이 너무도 고와서 무서웠다. 세 동무는 소달구지 지나가는 소리, 송아지 울음소리며 개 짖는 소리는 아예 귀 밖이었다. 개구리 알 속에서 수많은 유충이 노는 모습이 곰살갑고 징그러웠다. 수포를 만들고 사라지는 물고기, 때로는 물 위로 뛰어오르는 놈이며, 그때마다 수파는 원을 그리며 점점 커 가는 게 신기하기만 했다. 그런 중에도 물가에서 물놀이에 취해 있는 시간은 빨리도 지나갔다. 학교만 다녀오면 거의 매일 어둠이 내려야 집에 가자며 돌아선 우리는 동무 종이가 사라지는 비극을 맞았다. 고무신이 그대로 있고 이상한 일이었다. 그러나 곧 종이가 물에 빠졌다는 사실을 알았다. 건져 올린 종이는 소 질매 위에 뉘어졌다. 종이 부모는 넋을 잃고 울었다. 이날 불알친구 하나는 이렇게 가 버렸다, 자라서 초등학생이 되고 중고등학생이 되어도 낮이나 밤이나 그 연못을 지나칠 때는 뒤가 캥기는 무서움을 어쩔 수 없었다. 종이가 나와서 붙들고 늘어질 것만 같았다. 이로부터 나의 물 공포는 시작되었다. 특히 고인 물은 싫었다. 그곳에는 물귀신이 있을 것 같은 무서움이 앞섰다.

언제 한번은 큰맘 먹고 저수지에서 여름 한낮에 멱을 감았다. 소는 저수지 방천에 풀을 뜯기고 우리는 물에서 물장구를 치면서 놀았다. 다른 애들은 제법 수영도 하고 어른들은 저수지를 헤엄쳐 건너기조차 했다. 슬그머니 질투심도 나고 해서 물가에만 돌던 내가 슬슬 수심이 깊은 곳으로 들어가 보았다. 그날따라 더 잘 뜨는 것 같아 수영도 가능할 것 같았다. 그런데 아차 하는 그 찰라 갑자기 쑥 무엇에 끌려가듯이 안으로 들어가 버렸다. 그때야 왈칵 겁이 났다. '어릴 적 종이다' 싶었다. 나는 정신없이 바닥을 기었다. 깊은 곳 반대쪽이라 싶은 곳으로 무조건 바닥을 기었다. 한참 기어올랐다고 여기고 우뚝 섰더니 세상이 보였다. 친구들이 보이고 소가 보였다.

이 두 번의 사건이 나를 저수지에 근접하기를 꺼리게 하였고 어른이 된 지금도 깊은 물을 무서워하고 있다. 수영이 신통찮은 사람으로 만들어 버렸다.

내 고향에는 산골 물이 사철 졸졸거리는 도랑이 있었다. 나는 어린 시절을 이 도랑에서 돌을 뒤척이며 가재를 잡고 물마개 놀이를 했다. 방구가재는 대낮에도 많았지만 밤에도 불을 밝히면 바위에서 슬슬 기어 나왔다. 이를 삶으면 껍질이 붉어지면서 먹음직스럽게 삶긴다. 물마개 놀이는 수도 없이 했다. 흐르는 물을 막아 물이 많이 차면 아래 또 하나 둑을 만들고 윗물의 마개를 헐면 아래 막은 둑을 헐게 하는 놀이였다. 저수지나 바닷물은 무섭지만 작은 도랑의 물은 늘 내 옆에 있는 놀잇감이었다.

나이 젊어서는 산을 찾다가 이제는 몸이 따르지 않자 물가를 맴돈다. 흐르는 물가에 앉아 물을 벗 삼고 물과 더불어 함께하는 시간이 많아졌다.

노자는 상선약수上善若水라 했다. 최고의 선은 물과 같다고 했다. 물은 밑으로 흘러 겸손하고 조화롭게 하며 생명을 준다. 이 점이 최고의 도라는 말이다. 그러나 '물은 흐르지 않으면

썩고 돌은 구르지 않으면 이끼가 낀다'는 말이 있다. 물은 흘러야 제맛이다. 위에서 아래로 끝없이 흐른다. 흐르는 속성으로 인해 자연을 씻고 자연에 생명력을 더해 준다. 환경에 따라 잠시 쉬었다 가지만 잠시 쉬는 순간에도 인간들에게 양식을 주고 고기가 살게 하고 흐르다가 소沼가 되고 호수도 되고 다시 흘러간다. 너무 머물기만 해도 폐수가 된다. 흐르다가 인간에게 생명을 유지하게 하고 풍요롭게 해준다.

물은 어느 정도 모여 깊이 흐르면 소리가 없다. 水流而無聲수류이무성은 得處喧見寂之趣득처훤견적지취라. 물은 깊을수록 소리가 없다. 물이 소리를 냄은 그 바닥이 얕거나 거칠다는 뜻이다. 환경이 물을 울게 한다. 험준한 골짜기나 산악을 휘달릴 때는 돌부리를 깎고 부딪쳐 운다. 물이 급류로 흐르거나 사정없이 떨어질 때는 소리를 지른다. 그러나 냇물이 되고 강물이 되면 물은 평정을 찾는다. 인간도 마찬가지다. 마음속에 무엇인가 맺힌 한이 있고 장애물이 있을 때 마음이 요동치고 동요한다. 그러다가 세속에서 점점 익어갈 때 관조하고 달관할 때 소리가 없다. 물이 많이 모여 깊이를 더할수록 소리 없이 흐른다.

물은 항상 주변에 적응하고 친화한다. 둥근 것에 가면 둥글어지고 모난 곳에 가면 모난 것으로 변한다. 지금 세상을 자기아집으로만 사는 이는 자기를 돌아볼 일이다. 목숨을 바칠만한 가치가 있다면, 정의로우면, 나만의 독보적 길이 있다면 아집도 필요하다. 그런 일이 아니라면 세상과 더불고 이웃과 더불어 살 일이다. 물이 어디를 가도 어울리듯이 세상 사람과 어울리고 적응해야 인간미가 있고 사는 의미가 있다. 흘러 바닷물이 될 때까지 어떤 시련도 희로애락도 다 견뎌가는 물과 같이 인생도 그렇게 흘러갈 일이다.

물은 뭉치는 성질이 강하다. 만나면 하나가 되니 물방울이 모여 도랑물이 되고 도랑물이 흘러 시내가 되고 드디어 바다에 이른다. 만나면 하나 되는 미덕을 발휘한다. 그러다가 장애물을 만나면 스며들고 부딪쳐 상대를 치밀하게 파고든다. 그래서 돌을 깎고 산을 깎고 절차탁마하는 수련이 된다. 이 치밀성이 세상을 깨끗하게 하고 추악과 더러움을 말끔히 씻어 준다.

사람이 이 물의 속성만 체득한다면 그는 현자가 될 수 있다. 소리가 없으면서도 강물로 흐르고, 흐르다가 청탁을 포용한다. 큰 맛이 없으면서도 늘 먹어야 하는 물처럼 세상에 가장 필요한 인간이 될 수 있다. 물과 같은 사람 곧 항상 필요한 사람, 어떤 역경에도 순응하는 사람, 친근하고 사교성이 많은 사람, 때론 성인처럼 인간을 교화하고 씻어주는 인간이 될 수도 있다. 세상을 시원하고 맑게 하는 생명수가 될 수도 있다. 仁者樂山 智者樂水인자요산 지자요수라 했다. 세상이 지혜를 따르니 물의 속성을 배울 일이다.

(2009. 1. 15)

# 사라지는 것들에 대한 위안

사람이 한창일 때는 영원할 것 같은 원기충천했던 사람도 세월이 흐르면 언제 그랬는가 싶게 기력을 잃어버린다. 외형도 마찬가지다. 아름답고 생기 밝은 청소년이 언젠가 세월을 먹고 주름이 지고 죽음 꽃이 피고 몸이 병들어 간다. 사람이 나고 자라고 그리고 한때를 풍미하다 어느 땐가는 죽는 것이 만물의 순리요 철리이기도 하다. 그래서 잠시 왔다가 가는 인생을 생각하면 허무하고 사라지는 것들로 고독해 하고 그렇게 되지 않으려고 발버둥치는 것을 보면 차라리 측은해지는 모습으로 연출되기도 한다. 그러나 어차피 세월에 업히어 가야 하는 것이 인생임을 생각하면 그리 슬퍼할 것도 아니고 그리 외로워할 것도 아니다. 세상에 죽지 않는 것은 없다.

생명이 있는 것은 언젠가는 죽는다. 생명이란 유한한 것이다. 그래서 아름답게 살다가 말없이 사라지는 것도 고귀한 삶이라 여겨진다.

요즘에는 늘 보이던 사람이 안 보이면 마음이 불안하다. 먼저 죽음을 떠올리기 십상이다. 같이 체육관에서 운동하던 지인이 어느 날부터 소식이 없다. 혹여 세상을 버렸다는 소리가 들릴까 두려워 나는 전화를 걸지 못한다. 그래도 같이 산다는 것, 한 시대에 같이 존재하는 것이 얼마나 큰 인연인가. 가족 친척들 주변에 온갖 동물과 식물들, 그리고 사용하는 집기와 미물도 모두가 소중한 한때의 인연이라 쉽게 죽음을 생각하는 것이 두려움으로 남는다.

한때 같이 한 인연으로 잃기 싫고 함께하고 싶은 것이다. 같이 사는 것들에 대한 고마움과 서로 사랑하고 돕고 서로 울고 웃는 한 세상에서 갑자기 사라지는 아쉬움은 미련으로 남기 마련이다.

어릴 적 오누이보다 더 가깝고 친하게 지냈던 이웃집 순이는 대처로 떠나간 후에 소식이 감감하다. 좋아한다는 말 한마디도 못하고 서로가 속만 태우던 동기생 숙이가 그렇게 떠난 후에는 모두가 남처럼 세월을 먹고 산다. 그들은 아직도 같은 세상에서 숨을 쉬고 같은 햇빛을 받으며 같이 저 달을 보며 옛날을 추억하리라 그러나 내가 직접 죽음을 확인하고 부고를 받고 사라지는 이들을 보면 역시 고독해지고 혼자 남은 아픔을 이길 수 없다. 나와 직장을 같이한 박 선생은 작년 봄에 타계했다. 늘 나보다 오래 살다가 나의 주검을 돌보겠다던 그는 그렇게 쓸쓸히 세상을 떠났다. 큰소리치던 기개도 간 곳 없고 그렇게 칼칼하던 성깔도 다 소용이 없이 아무 소리도 없이 그렇게 세상을 버렸다. 떠난 후에는 그렇게 친하던 말들도 다 헛되이 허공에 맴돌고 꿈에서도 만나기가 어렵다.

떠난 자리에는 살았다는 뚜렷한 아무 흔적도 없이 동시대의 남은 이들의 추억 속에만 살아 있다. 한 시대가 지나면 그저 한 줌의 흙으로 돌아갈 뿐이란 것을 알면서 서로 아등바등하면서 살아간다.

죽음이 앞에 있고 어차피 헤어져야 한다는 필연 앞에서 아무 대책도 없이 그렇게 살아간다. 그러다 어느 날 병들고 늙어 죽어간다. 이것이 삶이고 그래서 허무하고 외로운 존재임을 알 때는 이미 때는 늦어 버린다. 매일이다시피 문자를 넣어주고 좋은 말로 위로하던 교회의 장로로부터 어느 날부터 뜸하게 오던 문자가 이젠 아주 소식이 없다. 또 한 친구를 잃었구나 하고 생각할 즈음에 소식이 왔다. 병원에 입원했다가 이제 퇴원했노라는 소식이었다. 살아 있다는 소식만으로도 이 세상 한 하늘 아래 숨쉬는 것만으로도 얼마나 위안이 되는

지 모른다.

왜 죽음이 이토록 외로운가. 그것은 삶에 대한 끝없는 애착이요 생에 대한 미련 때문이다. 그러나 사라지는 것이 나를 위해서도 남은 자를 위해서도 유익하다. 잠시는 조금 서운하겠지만 이렇게 가는 것이 세상의 섭리요 자연의 철리이기 때문이다.

오래 살아남기를 원하지만 인간의 욕심만 채울 수 없는 것이 자연의 섭리 아니겠는가. 자연을 위해 조용히 사라져 주는 말없는 죽음의 섭리에 진실로 고마워하고 순종할 수밖에 없는 인간의 순명이 거룩하고 아름다울 뿐이다. 말없이 사라지는 것이 인정으로야 야속하고 외로운 두려움이지만 한편으로는 대단히 자연스럽고 위대한 신의 섭리가 그 가운데서 공정하고 공평한 판단으로 이루어지고 있다는 사실에 숙연해지지 않을 수 없다. 이 이치에 어긋남이 있다면 이것은 인류의 배반자가 되고 말 것이다. 그래서 우리는 조용히 외로워도 말없이 사라져 가는 것이다. 조용히 사그라드는 것은 위대한 자연이 우리에게 준 선물이다. 간다고 너무 슬퍼할 일도 아니고 남는다고 너무 안도할 일도 아니다. 조용히 사라지고 소리 없이 가는 일도 자연의 거룩한 순리가 그 속에 숨어 있다는 것을 깨달을 때 죽음도 하늘에서 준 하나의 위안이요 선물임을 다시 한 번 깨닫게 한다.

그저, 한세상 함께 하는 것들과 인연에 감사하고, 함께 정을 나누고 서로 사랑하면서 낙을 향유하며 자족하는 생이면 그만이겠다. 한평생을 '아름다운 세상 소풍 잘 했노라'고 외친 어느 시인처럼 한세상 구경 잘하고 가야 할 인생들 아니겠는가. 세상 희로애락도 훨훨 벗어 놓고, 흰 구름 흐르는 가을밤 달처럼.

(2016. 5. 18)

# 어머니, 미수에 바칩니다

낳으실 제 괴로움 다 잊으시고
기르실 제 밤낮으로 애쓰는 마음
진자리 마른자리 갈아 뉘시며
손발이 다 닳도록 고생하시네
하늘 아래 그 무엇이 넓다 하리요
어머니의 사랑은 가이 없어라.

세상에 가장 귀한 이름 어머니.

여의어 가시는 노구이셔도 마음은 아직도 자식들과 손자 걱정으로 여념이 없으신 우리 어머니. 미수를 맞으신 오늘 삼가 엎드리어 만수무강을 축수 드리며 어머니의 권속들이 서로 한마음으로 어머니께 조그마한 잔치를 베풀었사오니 기쁜 마음으로 받으시옵소서.

어머니,

당신께서는 열일곱 꽃다운 나이에 이씨 집안에 출가하시어 모진 풍파와 파란곡절도 많이 겪으셨습니다. 더구나 금실이 남다르셨다는 이웃들의 말씀으로 보아 이 금실은 이미 아버님이 요절을 짐작하셨던 일이셨는지도 모르겠습니다. 무엇보다도 기둥이던 남편을 청춘에 저세상으로 보내고 긴 한숨과 고뇌는 또 얼마였겠습니까. 청상의 몸으로 세파를 이기시려고 온갖 간난고초도 마다치 않으신 젊은 시절은 그대로 고해가 아니었겠습니까.

어머니,

빈천한 시골 살림에 궂은일 마다하지 않으시고 고군분투하신 보람 있어 얼굴에 환히 웃음 지으실 적에는 저도 모르게 고개가 새삼 숙여집니다. 자식들의 병마는 얼마나 어머님을 괴롭혔습니까. 아들딸 삼 남매를 잃으시고 가슴에 묻어야 했던 그 통고를 어찌 또 견디셨는지요.

어머니,

갈수록 사무치는 어머니의 은혜 앞에 저희들은 할 말이 없습니다. 집안의 어둠이 짓누를 때에도 항상 가족의 모닥불을 지피시려고 고초를 견디어 오신 어머니. 바람 앞에 등불 같은 나날들. 너무 아픈 상처의 긴 이야기들일 것입니다. 오뉴월 비

오는 밤에도 수부 들에 모를 지키려고 밤이 새도록 모를 찌면서 추위와 무서움도 아랑곳하지 않으신 그 담대함은 오직 가족을 향한 사랑이 아니고서야 가능했겠습니까. 그래도 오늘을 있게 한 그 많은 아픈 사연을 지금 와서는 아름답게만 기억하시고 즐거이 사시는 어머님을 높이 기립니다.

어머니,

늘 어려운 살림에 대해서는 말이 없으셨던 것도 살아온 날들이 너무도 험난한 일들이었기에 이제는 세상사에 초탈하신 힘이라 믿습니다.

아버님을 저세상으로 보내놓고 뒤따라 아들딸을 가슴에 묻고 목 놓아 울어볼 겨를도 없이 삶의 중심에 서 계신 현실의 그 막막함을 저희들이 짐작이나 하겠습니까. 삶에 지친 한이 피멍으로 남아서 늘 가슴 답답해하신 것도 수없이 보았더이다. 남은 두 아들을 보듬고 시어머니를 모셔야 했던 노고의 보람으로 오늘은 반석보다 더 든든하게 자리했습니다. 어머니의 파란만장한 삶이 모진 눈보라와 비바람에 이긴 한 그루 노송입니다.

어머니,

그 와중에도 자식들에게 끝까지 눈물 보이지 않으시려고 속으로 삭이신 그 심정은 오죽했을까. 당신도 모르게 눈물이 고일 적에는 눈물이 실없이 난다고 변명하시던 것을 저도 여러 번 듣고 보았습니다. 그러고 보면 자식들 모르게 눈물도 얼마나 많이 흘리셨는지요. 또 하 답답할 제면 베틀에 높이 앉아 한과 시름을 달래시며 베를 짜면서 마음을 다스리곤 하셨다지요. 음식 드실 적에는 늘 고기는 못 먹는다고 끝까지 나물만 고집하던 그 말씀이 한갓 헛말이었음을 지금에야 깨달은 저희들이 참으로 어리석기만 합니다. 숱한 어려움 속에서도 좌절하지 않으시고 지극 정성으로 자식들을 위해 쏟으신 노고를 어찌 말로 다 할 수 있으며, 어찌 글로 다 표현할 수 있겠습니까?

이른 아침, 정화수 앞에 놓고 자식 잘되기만을 늘 축수하신 어머님! 그 정성과 크고 넓으신 사랑이 없었던들 어찌 오늘의 저희들이 있으며 어찌 오늘의 이 자리가 있겠습니까?

어머니,

이 세상에 하고많은 사랑과 헌신이 있지만 자손을 향한 무언의 사랑과 헌신이 어머님께 견줄 만한 것 무엇 있겠습니까?

사시사철 가족 때문에 노심초사하시다가 이제는 가죽만 남으신 어머님은 지금도 저희들의 버팀목이십니다. 거친 손등에 주름의 고랑이 잡힌 그 손은 언제나 자손들의 약손이셨습니다.

사랑으로 가솔을 다독이시는 어머님, 병마가 어머님을 괴롭히고 있어도 여윈 모습 그대로 영원한 저희들의 바위요 고향이십니다. 세월이 남기고 간 자국마다 애통한 마음 금할 길이 없습니다.

멀지 않은 곳에서 살면서도 어머님 제대로 찾아뵙지 못하는 저를 차라리 꾸짖어 나무람이 마음 편할진대 그래도 어머님은 항상 포용하시고 용서하시니 어머님 은혜 무엇으로 갚으오리까? 저희들은 살아가면서 내내 어머니의 이야기를 우리 아이들에게 들려주겠습니다.

어머니,

한평생이 일장춘몽이라 했습니다. 미수를 맞으신 오늘, 사랑받던 손자 손녀들이 모두 혼인하고 막내 손자는 법조인이 되어 가족을 든든케 하고 있습니다. 어머님, 이젠 저희들 모두가 어머님을 둘러서 세상에 자리를 굳건히 하고 열심히 어머니의 뜻을 받들고 살고 있습니다.

이제 모든 삶의 짐을 내려 푸시고 평안한 여생을 즐기시지요. 여기 둘러앉은 식구들이 든든한 울타리가 되어서 당신의 기댈 언덕이 되어 드리겠습니다. 늘 자식으로 위안 삼으시고 오히려 당신께서 마음의 호강을 누리신다던 말씀으로 위로 삼겠습니다.

평강하시옵소서. 어머니 은혜 함께 합창하며 축하드립니다.

# 숯가마 찾는 한여름

올해의 더위는 긴 폭염이었다. 이런 더위에도 오히려 이열치열의 여름을 보내는 즐거움을 맛보는 계기가 있었다.

"이 더운 날씨에 웬 숯가마는, 말만 들어도 땀나."

"한번 가보시면 생각이 달라질 걸요."

"그래도 그렇지, 삼복더위에 무슨 찜질은."

"그냥 찜질과는 영 다르다니까요."

무더위에 방학 중에도 수업을 하고 있는 학교 선생들이 모여 앉아 한담을 하며 하는 말이다. 폭염에 숯가마 예찬을 하는 것이 아이러니한 일이다.

올해는 무더위가 기승을 부리니 더위를 식히기 위해 납량으로 우리 김천에도 숯굴 이야기가 심심찮게 나돈다. 옛날 질

그릇 굽던 숯가마가 먼저 연상되지만 최근에는 목적이 숯을 구워내면서 그 잔열을 이용하여 사람들에게 그 굴을 이용하게 해서 땀을 빼고 찜질도 하게 하는 일거양득의 후생이다.

아내와 숯가마를 찾았다. 경북 성주군 가야산 중턱이다. 숯가마가 여러 개가 있어 돌려 가면서 가마에 참나무를 가득 채우고 숯을 구운 뒤 그 숯은 집어내고 빈 숯굴을 식혀서 바닥을 깔고 굴의 여열을 이용하여 땀을 내고 아픈 곳을 지지는 것이다. 땀만 빼는 곳이야 시내에도 많다. 소위 찜질방이라는 것이 목욕탕과 겸할 정도로 유행을 타고 있다. 땀을 빼고자 하는 목적이야 같지만 숯굴과 찜질방의 차이는 현저하다.

"우리 선조들은 숯을 슬기롭게 이용해 왔다. 아기가 태어나면 금기 새끼줄에 숯을 달아 잡귀와 균을 막았고 어머니들이 장을 담글 적에는 숯으로 세균의 번식을 막아 장 속의 미생물을 번식시켰다. 더구나 장을 발효하는 데 있어 숯에는 탄소와 미네랄이 풍부하여 간장이 미네랄이 풍부한 식품이 되는 것이다. 뿐만 아니라 마을의 우물에도 해마다 청소할 때 숯을 바닥에 깔고 그 위에 자갈을 놓았다. 그리하여 물맛이 더 시원하고 신선한 맛이 났다고 한다. 또한 숯에는 음이온을 발생시키는 작용이 있고 공기도 맑게 한다. 또 습도 조절의 능력이 뛰어나 숙면의 효과도 있다."

이런 숯굴의 선전 문구를 보지 않더라도 숯가마에서 많은 땀을 내고 씻지 않아도 좋다. 젖은 땀이 말라도 냄새도 없고 개운하다. 하루 너덧 시간을 이용해도 피로하지 않다는 것이 찜질방과는 다른 점이다.

땀 중에는 노동의 땀이 최고 가치 있는 땀이라지만 요즘에 어디 힘들여 땀 흘리려 하는가. 우리 할머니와 어머니들은 삼복의 더위에도 밭을 매느라 구슬땀을 바가지로 흘렸다. 할아버지와 아버지의 논매기 때에 땀이야 어디에 비교나 될까. 어머니들같이 콩밭 매며 땀을 흘려 본 사람이라야 땀의 건강한 의미를 말할 자격이 있지 않을까. 더구나 두벌 논 세 벌 논을 매며 땀과 물이 범벅이 되고, 등은 햇볕에 그을려 까만 깜둥이가 된 사람들이 요즘 억지 땀을 빼려고 찜질을 하는 사람들을 보면, 격세지감도 유만부동이지 이럴 수 있는가 하고 통탄해 마지않을 일이다. 고귀한 노동의 땀과 억지 땀의 차이가 어디 비교나 될까.

가야산 중턱에 자리한 이 숯가마는 공기도 더없이 청량하고 참나무 숯 냄새와 토굴의 진흙 냄새가 어울려 저절로 건강해질 것 같았다. 아내는 땀으로 흠씬 젖은 몸으로 연신 굴을 들락거린다. 숯을 끄집어낸 지 오래지 않은 굴은 화염이 아직도 상당한데 몸이 아프다는 아주머니들과 노인들은 연신 들락거린다. 역시 부인들이 많다. 남정네는 오히려 적어 쑥스러울 지경이다. 발 디딜 틈이 없는 굴속에서 웃음이 인다.

"어디가 아파 오셨어요?

이때 남정네들은 할 말이 없다. 그저 소이부답笑而不答이다. 자기들은 아파서 왔다는 것이 이미 전제된 물음이기 때문이다. 아마도 젊을 때 고생깨나 해서 병이 든 사람들인가 보다. 멀쩡한 사람이 왜 왔느냐는 말처럼 들렸다. 빼곡히 앉아 20여 분 인내하면 옆에서는 부산 아지매 대구 아저씨 구미 할머니 김천 할아버지 할 것 없이 어울려 이야기꽃이 핀다. 이러다 밖을 나서면 가야산 중허리의 송뢰가 이 염천에도 상쾌하다 못해 하늘을 차고 오르는 듯한 기분을 느끼게 한다.

며칠이 지나지 않아 직장 동료 셋이서 다시 숯가마를 찾았다.

늦도록 숯가마에서 땀을 빼기에 여념이 없다. 가야산 석양을 구경하다가 언제 시간이 지나 휘영청 보름달이 떴다. 산에 걸린 달을 보면서 집으로 가고 싶지 않은 눈치다.

저녁에는 이웃 동네서 온 농촌 부녀자들로 바뀌었다. 멀리서 온 사람들은 전세 버스로 되돌아갔다. 남은 이들은 이제 들일을 마치고 난 뒤에 온 거무데데한 피부의 시골 아주머니들이다. 마음씨들이 순박하여서 목초액을 나눠 주며 낮에는 일하고 밤에 올 수밖에 없다는 푸념을 하는데 왠지 부끄럽기도 하다.

시대는 변하는 것인지 노동으로 사는 사람들조차 낮에 땀을 빼고는 일 마치고 다시 숯가마의 열기 속에서 재탕의 땀을 빼야 피로가 풀린다는 역설을 들으면서, 유행을 거스를 수 없는 것이 인간이라는 생각에 고소를 금치 못하겠다.

# 아버지의 기억

황금 들판이 아니었다. 들에는 서숙이 익어서 줄지어 베어 누웠고 벼 짚단은 가끔 보이는 벌판이었다. 아버지가 위험하다고 모두들 뛰어가는데 나는 멍청히 서서 멍하니 들판만 바라보았다. 한참 뒤에 나도 정신이 들어 미친 듯이 뛰어서 동네 사람들과 함께 집에 닿았다. 어머니가 머리 숙인 아버지를 안고 몸부림을 치고 있었고 동네 사람들은 둘러서서 어찌할 바를 모르고 서서 웅성거렸다. 학교에 들어가기 전 대여섯 살 때의 일이었다.

늑막염이라는 시답잖은 병으로 아버지는 그렇게 돌아가시었다. 한국 전쟁에서 지독하게 고생을 한 탓인지 시름시름 앓다가 가시었다. 서울에서 피란 온 의사가 있었지만 왠지 수술은 꿈도 꾸지 않았다. 맹장염을 배 주무르는 사람에게 맡기고 치료를 했으니 시대를 잘못 타고난 명이었다. 무엇 때문에 서울 의사는 수술을 안 했는지 알 수 없으나 아마도 그때 시골 사람들의 사고로는 도저히 사람의 배에 칼을 댄다는 것이 믿기지 않는 일이라 막무가내로 반대한 결과일 것이라고 생각된다. 개복하고 수술한다는 것이 그 시대 사람들에게는 도저히 이해되지 않은 일이었을 것이다.

우는 사람들 틈에서 나는 별로 눈물이 나지 않았다. 소위 죽음이라는 것이 실감이 나질 않았다. 모두가 눈물을 흘리는데도 나는 슬프지 않았다. 어린 마음에도 눈물이 나야 한다는 당위는 안 듯 돌아서서 손가락으로 침을 얼굴에 바른 어린 아이였다. 더구나 출상하는 날에는 상여 앞에 만기를 들고 싶어서 앞장서다가 사람들에게 상여 뒤로 불려오기까지 했으니 아버지의 죽음 앞에서 얼마나 어리고 어리석었던가를 짐작이 간다. 철부지 시절 기억이 아직도 살아 있다는 것만으로 다행스런 일이다. 철없던 대여섯 살이었다.

아버지의 추억은 그래도 솔솔 남아있다. 아버지가 침 맞으러 가는 길에 벌국재[대방이재]를 오르며 자전거를 밀었다. 자전거 뒤에 매달려 두루마기를 부여잡고 신나게 달리는 자전거가 그리도 즐겁던 나들이였다. 더구나 오가는 길에 단골 주막집에서 한 사발 먹던 묵의 그 맛을 잊을 길이 없다. 주막집 아주머니는 아버지가 돌아가신 후 내가 중학교를 다닐 적에도 그렇게 반가워할 수가 없었다. 아버지와의 인연을 잊지 못하는 표현일지도 모른다. 아버지는 외출할 때는 항상 흰 두루마기차림이었다. 나고들 때마다 큰 기침으로 인기척을 알렸고 할머니에게 인사를 잊지 않으셨다. 출필곡 반필면出必告反必面이 분명한 외출이었다. 그리고 술이 거나하게 취한 때에는 어김없이 우리 애들을 세우고는 인사를 꼭 하게 하고 나에게 감자 좀 보자고 검사를 하곤 했다. 이것이 제일 귀찮은 일이지만 도리가 없었다.

한국전쟁이 발발했을 적에는 면에 다닌다는 이유로 아버지는 산속으로 피신했다. 밤낮 없이 보이질 않았다. 잠결에 이놈 감자가 컸느냐 하시는 인기척을 느낄 뿐 볼 기회가 없었다.

형은 밤낮없이 곡괭이로 대나무밭 밑에 식비리를 파고 동굴을 만들어야 했다. 아버지는 피란을 다녀온 후 오래 되어서야 얼굴을 뵈올 수 있었다. 굴속에서 어느 날 밤 잠결에 아버지는 감자 좀 보자며 나를 어루만지고 계셨다. 혼자 산속에 숨어 지내시다 가끔씩 밤중에 내려오셨다. 낮이면 인민군들이 아침저녁으로 밥을 먹으러 몰려와 마당을 메웠다. 나는 멋도 모르고 그들의 뒤를 따라 다니기도 했다. 아버지의 피란 행각도 오래 가지는 못했다. 아버지는 발각이 되어서 붙잡혀 가셨다. 뒤에 들은 바로는 죽을 고비를 몇 번이나 넘기고 마지막

막다른 골목에서 총살 직전에 양천에 사는 지인이 마침 알아보고는 겨우 목숨을 부지하고 집으로 돌아오셨다. 못 먹고 모진 일을 당한 뒤라 몸이 쇠약할 대로 쇠약해지고 방안에 누워 계시는 시간이 잦았다. 놀람과 기아가 병을 만든 것 같다. 뒤에 들은 이야기는 과수원집 모 씨가 평소 동네에서 시끄럽게 하고 처녀들을 희롱하는 일이 많아서 늘 꾸짖고 야단한 것이 화근이 되어 그로 해서 아버지에게 원한을 품고 공산당에 고자질을 한 것이 화근이었다는 것이다. 피란 내려온 사람 중에는 의사도 있어 수술도 가능했을 텐데도 수술이나 치료도 거절한 시절이었다. 아버지는 3남매를 두고 그렇게 가셨다. 맹장염이라는 시답잖은 병으로 돌아가셨다. 면에 다니시면서 동네 일을 잘 챙겨 동네 어른들은 모두가 아쉽고 아까운 인물이라고 하는 장탄식을 많이 커서도 들었다. 가난한 가정을 일으키기 위해 일제하 초등학교만 졸업하고 만주로 일본으로 가 온갖 고생을 다 하시고 해방의 영화도 누려보지 못하고 서른여섯의 연세로 훌훌 떠나 버리셨다. 지금도 칠십이 넘은 집안 형님들은 아버지의 무용담을 들려주시고 아버지의 인품과 지혜를 이야기한다.

지금도 기억에 생생한 모습은 흰 두루마기 차림에 면사무소를 출근하시던 모습, 저녁에는 하루의 일을 꼭 부모님께 고하는 일을 빠짐없이 하셨다. 더구나 동네 이웃들이 아끼고 늘 동네 사람들께 회자되는 가난한 농부의 아들로 당신은 늘 동민을 받들고 면의 일을 열심히 하셨던, 짧은 생애였지만 나에게는 자랑스러운 아버지로 기억된다.

# 한심회

살다 보면 좋을 때만 있는 것이 아니라 고독하고 그리울 때가 더 많이 있다. 누구에게 흉금이라도 털어놓고 싶을 때도 있다. 때로 절규하고 싶을 때도 있고 욕설이라도 실컷 내뱉고 싶을 때도 있다. 이런 삶속에서 같이 동행하는 동반자가 벗이다. 나에게는 한심회라는 친구 모임이 하나 있다. 고등학교 재학 시절부터 졸업 후 지금까지 계속 변치 않고 오늘에 이른 고우들이다. 7명이 모여도 의견 일치가 쉽지 않은 경우가 많다. 친하다는 것이 오히려 의견 일치를 더 어렵게 하는 역설이 존재하는 모임이다. 계절 따라 매년 모이지만 항상 안 될 것 같은 일들을 끌고 가고 있는 좀 요상한 친구들이다. 그래서 회의 명칭을 의견일치하고 한마음이 되자고 일심회라 칭했는데 일심회가 돌아가는 꼴을 보니 한심한 일이 많다고 친구 부인들이 다시 개명하여 한심회라 불러 주었다. 일자에 훈을 넣어 한은 우리말이고 심은 음을 취한 일종의 향찰식 표기가 되었다. '한마음회'면서 '한심한 친구들의 모임'이다.

한심회, 이 모임이 이미 50년을 넘겼다. 한평생을 같이 한 친구들이다. 그럼에도 실제로 친구들이 하는 짓들도 한심하기 짝이 없어 역시 이름 하나는 잘 지었다는 생각도 해 본다.

한심회의 제일 명물은 아무래도 할마이(할머니)다. 중학교 시절부터 가진 별명이다. 할마이는 생기기를 합죽하게 생긴데다가 말이 너무 빨라서 문제다. 성질이 급하고 과격해서 말을 좀 더듬는 편이다. 친구 중에도 가장 의리파여서 항상 좋은 일에 앞서고 친구를 위하는 일이라면 팔 걷고 나서는 열성파다. 술을 너무 좋아해서 술이라면 청탁불문이다. 단지 술을 먹고는 트집을 잡는 것이 흠인데, 모임 때마다 술이 취하고 취하면 생트집이 나와서 말썽을 피운다. 성질을 부리다 늘 집으로 가겠다고 엄포를 놓고 그러다 한 번은 진짜 가 버린 적도 있다.

이때 제일 이 행동을 싫어하는 친구가 있으니 엿공장 사장이요 크리스찬 장로인 L이다. 할마이의 생트집이 시작되는 주된 이유도 술을 왜 안 먹고 술을 안 받아 주느냐 하는 억지다. 이에 제정신인 L은 화가 난다. 때로는 성스러운 교회에 와서도 술을 찾는 친구이니 성이 날 만도 하다. L은 항상 신앙을 앞세우고 정도이기를 바라는데 할마이는 늘 일상의 일탈을 꾀하고 있으니 이가 맞을 리가 없다. 술을 먹지 않는다고 술을 받지 않는다고 고래고래 좌중을 의식하지 않고 시끄럽게 굴고 옆에 앉으면 손이 연신 상대방의 머리며 가슴을 날아가고 있으니 쉶잖게 앉아 있지를 못한다. 옆에 있어도 타인이 있어도 큰소리치는 통에 몸 둘 바를 모르게 하는 친구이다. 그러니 기독교 정신이 밴 L의 눈에는 얼마나 거슬릴까. 둘 사이가 견원지간에 가깝다. 이때 항상 중재역이 되어 주는 친구는 사업가 K다. 원래 성질이 여유 있고 엄친과 목소리가 같아서 친구들이 아버지한테 실수를 범하게 하는 친구다. 재미없고 말이 없어 무재미라 하는데 이 무재미는 사실 그의 부인이 붙여 준 별명이다. 묵묵하고 재미없는 성질은 장가들고 제수씨 앞에서 더 심하다. 그런데 할마이가 직장에서 연애할 때 옆에서 제일 공헌한 놈이 K다. 그래도 말이 없다는 것뿐 우정 하나는 그만이다. 장가는 늦게 가서 마누라는 잘 얻었지만, 사실은 연애하느라 정신이 딴 곳에 가 있으니 장가갈 시간도 없었다는 게 중론이다. 사실이지 백의의 천사와 염문을 뿌리느라 딴 곳에는 눈 돌릴 틈도 없었다.

거기에 좀 순진한 역장이 있다. 이 친구는 정의를 숭상하는 공무원이다. 제일 막내이면서 장가는 제일 먼저 가서 결혼 안 한 놈들을 모아 놓고 강연도 하더니 요즘 와서는 손자 자랑이 늘어났다. 가정에 충실하기로 유명한데 밤샘으로 약속해 놓고는 밤이 이슥하면 궁둥이를 붙여 놓지 못하는 효자다. 혼자 계시는 어머니를 두고 잠을 못 자는 성미다. 공무원인 까닭으로 반듯한 것을 좋아하는 성격에 할마이를 입에 달고 부르다 보니 부딪치게 마련이다. 일찍 귀가하려는 의도도 사실 따로 있었다. 역의 일이란 게 근무 시간이 특이해서 하루를 24시간 근무하고 24시간 쉬는 격일제 근무다. 그래서 시골 역에 근무할 적에는 밤에 할 일이 없으니 술과 잡기 아니면 춤을 배우기 마련이어서 이 친구는 춤에 일가견이 있었다. 그의 말에 의하면 춤이 제일 돈이 적게 들고 제일 재미나고, 그래서 제수씨 모르게 좀 놀아 난 모양이었다. 그 대신 부인한테는 죄책감으로 성의를 다하는 아주 철저한 바람둥이다. 그러니 근무 시간이 아닌 날에는 마누라 옆에서 위로를 아끼지 않는 친구다. 이런 조심성과 효도로 절대로 탄로가 안 날 것을, 이 친구 춤추고 놀아난 여자들과 일일이 기념사진을 찍어 사진첩을 만들어 역 사무실에 보관해 두는 바람에 부인에게 들통이 나고 말았다. 이 일로 해서 오래 고민하더니 부인을 어떻게 구워삶았던지 잘 수습이 되었다. 아마도 부인에게 사교춤을 가르쳐 주는 것으로 타협이 된 듯하다. 그래도 친구 중에 가장 재미있고 사교성 많고 인정 많은 놈이라 막내 구실을 톡톡히 하는 터이다.

또 우리와 멀리 떠나 있으면서 끈을 놓지 않고 유지하는 이봉이가 있다. 이봉이는 일찍 부산에 자리하고 부산 갈매기와 친한 친구다. 부산이 옛날에는 멀어서 일 년에 한 번 만나기도 어려운데 그래도 변치 않고 찾아다닌다. 이제는 대머리가 되어서 머리에 가발을 하고 다니면서 여자들에게 인기가 많은 타입이다. 농구도 잘하고 야구선수에다 대학 나와서는 체육 선생을 하더니 또 윤리 선생이 되어 가지고 여학생들에게 인기가 많았던 모양이다. 장가는 우리 중에 가장 늦어서 부인이 젊고 미인이다. 운동에는 팔방미인인 이봉이가 연애에도 역시 빠지지 않아서 몇 번 애인을 데리고 와서 시위를 하더니, 막상 장가드는 날에는 다른 여자를 옆에 세우고 싱글벙글하던 친구다.

상주 사는 싱겁이 L, 키 크고 안 싱거운 놈 없다더니 L은 정말 싱겁다. 그러면서도 제일 실속이 있는 친구다. 아들딸들을 다 잘 길러 요즘에는 골프를 치러 다닌다고 끄덕거린다. 아는 것도 많아서 말은 싱겁지만 때론 논리가 있고 때론 농이 심한 놈이다. L은 선생으로 일생을 다하고 말년에 호강하는 일만 남았다. 김천으로 떠나 살더니 다시 고향으로 되돌아가 불알친구들과 깨가 쏟아지는 재미를 톡톡히 보고 있는 셈이다.

친우 중에 엉뚱한 길을 걸은 친구는 J다. J는 얼렁뚱땅하는 것 같더니 약방을 차렸다. 한약방을 차려 안양에서 큰 가게를 두고 한의 노릇을 하는가 했더니 야학을 차려 불쌍한 사람들에게 공부를 시키고 사회봉사도 열심히 해서 재물도 명예도 같이 성공한 친구다. 궁둥이 큰 여학생을 좋아해서 소문이 자자하더니 생에 재물 운이 있었던지 우리나라에서 제일 인기가 있다는 아파트를 가지고 외국까지 한의 강의를 다니며 열심히 사는 놈이다. 궁둥이 큰 여학생은 어디 사는지 모르나 무용수를 꾀어 결혼해서 외국을 드나드는 소위 잘나가는 친구다.

이런 특이한 친구들이 모이면 일이 되질 않는다. 너무 친해서 그렇다고 위안을 삼지만 '너무 만만하다는 것이 이유가 아닌가' 생각한다. 사업가 K가 아직 청년 때에 할마이 신혼집을 방문했다. 이 K는 사실 할마이와 이웃해 자랐고 또 할마이 연애할 때도 중매 역할을 한 편이니 반가운 손님이다. 제수씨의 가장 귀한 손이다. 그런데 이날도 술이 한잔 들어간 할마이가 술상에 돼지찌개를 먹다가 무슨 이유인지 K의 머리에 냄비째 엎어 버렸다. 날벼락을 맞은 K는 어찌된 영문도 모르고 찌개를 머리로 먹어 버렸으니 황당한 일이 되었다. 그러나 더 난처하기로야 제수씨는 덜하랴. 나중에 안 사실이지만 할마이는 저 몰래 K가 결혼 전에 자기 애인과 몰래 데이트를 했다고 아마도 그 잠재의식이 오래 남아 이런 날벼락이 내렸으리라고 K는 짐작했다. 그도 그럴 것이 친하다는 핑계로 남의 결혼 상대자와 말도 없이 몰래 데이트를 했으니 속으로만 생각하다가 술이 한잔 들어간 김에 폭발한 것 같다. 사실을 모두 들은 친구들 왈 그만하길 싸다고 위로했다.

어디 일화가 그뿐인가. 내 결혼 초에 둘이 다 직장에 나간 탓으로 집을 비운 사이에 이 악동 청년들이 방문을 했던가 보다. 안방으로 침투한 놈들이 안방을 아수라장으로 만들어 놓고 달아나 버렸다. 가구를 바꿔놓고 물건들은 거꾸로 서 있고 아무래도 이상해서 탐문을 했더니 하는 말이 가관이다. 손님으로 갔는데 대접을 잘 받아 다 비우고 왔다나. 비운 것까지는 좋지만 잉크병마저 거꾸로 세워 놓으니 이게 새어나와 방바닥이 지도가 되었다. 성이 안 풀렸지만 K가 저금통 하나를 사와서 머리 조아려 비는 바람에 용서는 해 주었다. 이런 괴짜 같은 놈들이다.

이 근성이 나이 이순이 지나도 남아서 서울 J에게 경사가 있어서 갔다가 기차로 내려오는 중에도 기차 안에서 한바탕 할마이 판이 벌어졌다. 할마이는 이미 대취해서 기차 객실을 휩쓸고, 옆에 친구들은 서로 할마이 옆에 앉기를 꺼리고 있었다. 마지못해 옆에 앉아 보면 차마 볼 수 없는 일들로 낭패를 본다. 큰소리로 끝없이 지껄여대는 이야기 소리, 더 가관인 것은 쉴 새 없이 옆 사람의 이마며 머리를 때리곤 한다. 더구나 술 좀 제발 먹게 하지 말라고 제수씨한테 전화가 온 터인데 이렇게 되면 오늘은 제수씨한테 입장이 난처하다.

이렇게 허물없이 지내는 친구들이라 정식 회의는 항상 어렵다. 이에 보다 못한 안사람들이 나서서 정식 회의를 원했고 결국은 모두 한 표씩 민주주의밖에는 없다는 결론을 내리고 아내들이 나서기 시작했다. 나이 들면 부인 이기는 사람은 없다고들 하는데 아직도 이기겠다고 바둥거리는 놈이 할마이다. 그래도 친구들은 할마이가 있어서 더 굳어지고 할마이가 있어 더 재미있는지도 모른다. 한심회를 가장 사랑하고 자랑하는 친구가 할마이다. 다른 친구들 모임에 가면 입이 닳도록 한심회를 장황하게 자랑하는 친구다. 그래도 할마이는 퇴직 후에 팔공산 자락에 터를 넓게 잡고 집을 마련하고 친구들을 기다리며 산에다 큰소리치며 살아가는 호방한 친구다. 헐래 헐래 해도 일들이 잘 풀리는 바람에 복은 타고난 놈인 듯싶다.

(2008. 2. 7. 설날에)

# 사슴 선생 영전에

삼가 옷깃을 여미고 사슴 윤사섭 선생님께 애도의 마음을 올립니다. 고인께서 올해도 잊지 않고 생의 마지막이 되신 동화 선집(『감나무집 사람들과 골짝 아이들』)을 보내주신 지 얼마 되지 않아서 곧 부음을 받은지라 얼떨떨한 마음을 주체할 수 없었습니다. 평소에 늘 잊지 않고 격려를 아끼지 않으신 선생님의 정성에 비하면 참으로 송구함을 절감합니다. 연락이 닿을 적마다 언제쯤 책을 완성하느냐고 독려 말씀에 졸저를 보내드렸더니 기뻐하시는 사슴의 축하 말씀은 황송도 하더이다.

동화 서책을 처음 1961년 『전봇대가 본 별들』을 발간하신 이후 열네 권이나 내시면서 꺼지지 않는 창작욕은 어디다 두

시고 게다가 어린이마저 다 떨치시고 어찌 유명을 달리하셨습니까. 저와 한때는 동료로 함께한 시간이 1970년대서부터 80년대, 그때에도 늘 감탄해마지않은 바는 의욕에 넘치는 창작욕이었습니다. 사서교사로 도서관에만 묻히었지만 그 도서관에서 동화 창작에 정진하면서 한편으로는 김천고 문학 서클 <맥향麥鄕>을 탄생시켰고 또 학생들에게 문학의 꿈을 심어주려고 온갖 노력을 아끼지 않으셨습니다. 더구나 학생들의 행사인 맥향시화전이 열릴 때는 밤을 새워 그림詩畵을 그려서 시화전을 도맡아 하던 선생님이셨습니다. 그때 그 정성으로 지금 후학들이 시인, 소설가로 우리나라에 우뚝한 문필가로 활동하고 있어 다 선생님 그늘 덕이라 믿어 그 결실을 보는 듯합니다.

사슴이란 호를 하시고는 늘 사슴 같은 미소로 천진무구하게 세상의 어린애만 사랑하시고 우로만 찾아 헤매신 것 아니었나이까. 얽힌 세상의 실타래를 멀리하시고는 어린애같이 사시다가 천상으로 귀천하셨으니 사슴은 참으로 행복하겠나이다. 사슴처럼 살려고 하는 마음을 현실은 그냥 두지 않아 고독을 더 많이 가지신 당신. 사슴은 그대로 선생님의 호이면서 또 윤사섭 자체였습니다.

내가 처음 김천고에 부임하여 신임 축하주라고 앞장서 이끈 사람도 고인이셨는데, 그때 어느 뒷골목 아줌마의 막걸릿

집은 사슴, 당신의 해우소였더이다. 그때 술 한 순배 돌리고는 학춤을 추던 것을 잊지 못합니다. 아니 학춤을 춘 것이 제가 보기는 어린애들의 비행기 춤이라 함이 더 옳을까 여겼습니다. 처음 만남부터 당신은 그대로 어린이 마음 그대로였소이다. 선생님은 어린애와 더불어 일생을 같이 하시고 술로 세속의 번뇌를 잊고 세상을 관조하며 사셨습니다.

한번은 "나는 어린이 앞에 서는 것이 한편으로 즐거우면서 한편으로는 두려워, 이놈들이 동화 작가라고 소개하면 이야기가 꾸러미로 나올 줄 알고 기대하고 있으니 참 난 왜 이리 입담이 적어서 허허허…" 하던 말씀을 듣고 같이 쓴웃음을 지은 적도 있습니다. 당신의 눌변을 그대로 고뇌하신 말씀으로 이해해도 실례가 아닐는지요. 세속과는 항상 거리가 많아서 술을 그렇게 가까이하신 것이겠지요. 술이면 항상 마다하지 않으신 애주가시니까요.

선생님의 어린이에 대한 열정은 처음 『전봇대가 본 별들』(1961년 간행) 이후 『아가신』(1965) 『달님과 송편 떡』(1965) 『바람은 불어도』(1965) 『아가 바람 엄마 바람』(1969) 『날아간 물오리』(1975) 『하늘을 나는 아이』(1980) 『산의 이야기』(1982) 『목각 인형』(1988) 『따구새』(1991) 『바람이 본 세상 사람들』(1992) 『참새 세 마리』(1992) 『소년원의 푸른 하늘』(1992) 마지막 동화집이 된 『감나무집 사람들과 골짝 아이들』(2005)을 출간하기까지 14권의 동화집을 내셨으니 참으로 다작하시고 그로 해서 김천시 문화상과 세종아동문학상이며 경북 문화상을 수상하시고 대한민국 문학상(본상), 자랑스러운 경북인상, 경북문학상을 다 수상하셨으니 그 공로가 다대함을 인정받았고 아동 문학의 거두임을 입증하고도 남습니다. 고인은 한세상을 치열하게 열정적으로 한 부문만 천착하신 동화 창작의 거두였습니다.

더구나 사슴은 마지막 출간한 동화 선집에서

"동화에 매달린 지 쉰 해가 되었다. 그동안 자라나는 세대를 위해 내가 한 일이 무엇인가, 생각하면 부끄럽기 그지없다. 나는 동화의 본질은 어린이에의 도전이라고 생각해 왔다. 싸움을 걸기 위해서는 먼저 어린이를 알아야 한다. 동화는 어떤 의미에서는 도리어 어린이의 자기중심의 욕구만을 충족하려는 이기주의적 사고를 추구하면서 거기서 생기는 가치관을 도려내어 어린이와 함께 생각하며 해결하고 공감하고 감동하는 것이 동화의 세계다. 동화는 어린 세대에게 '바르게 살아가는 길을 가르치는 문학'이긴 하지만 동화작가는 어린이를 어른의 세계로 잘 인도하는 지도자는 아니다. 어린이와 공감하면서 체제 <부모와 어른들이 틀을 짜서 만든 무대 공간>에 반항하는 그들과 공범자가 되어야 한다."라고 문학관을 말씀하고 있습니다.

고인은 아마도 세속과의 괴리를 술로 삭이고 어린이의 세상 편에서 어른들에 반항하는 자세로 새벽의 우로만 먹으려다 스스로 고독도 많이 삼키셨나 봅니다. 당신의 머리엔 늘 어린 애들의 세계를 꿈꾸면서 세상엔 허탈한 웃음으로 한세상 보냈습니다. 사슴이란 호는 그대로 선생님의 성품이었소이다. 순진무구한 동화 창작정신은 그대로 당신의 삶이었습니다. 평생에 사슴 같은 마음이라 어린이들의 꿈도 볼 수 있었나 봅니다.

천상에 계실 사슴 선생님을 간절히 추모합니다. 푸른 초장에서 세상만사 잊으시고 벗들과 더불어 음풍농월도 하시고 유유자적하면서 고이 잠드소서. 천상의 동심도 맘껏 펴시면서 어린이 천국을 만드소서.

선생님 명복을 비오며 부디 하늘나라에서 평강하시기를 기원하나이다.

(2006. 12)

# 3

# 뒤안

# 감

올해도 어김없이 박 영감님한테서 전화가 왔다. 이맘때쯤 되면 자루 몇 개 가지고 대나무 장대 하나 만들어 오라는 전갈이다. 해마다 입동 가까운 날이 오면 몇 년을 거르지 않고 어김없이 오는 전화다.

11월 들어 가을비가 한바탕 내린 후에는 단풍마저 생기를 잃는다. 하늘이 바다처럼 푸른 물이 넘실거리고 흰 구름이 둥실 돛단배같이 뜨면 밤마다 서리가 내린다. 감잎은 온통 떨어져 감나무에는 앙상한 가지와 붉은 감만 대롱대롱 달렸다. 나뭇잎들이 단풍으로 화할 때쯤 걸려오는 전화 한 통은 늘 반갑고 정겹다. 아파트의 황량한 분위기에서 벗어나 농촌의 풍경 속에 푹 젖어 보는 것도 연중 이맘때다. 아침 일찍 일할 준비도 하고 분주히 날뛴 보람으로 황악산 줄기인 개방령 중턱으로 향했다. 가는 길목 동네에는 올해도 감이 풍년이 들어 붉은 감들이 감나무마다 대낮에도 훤한 불을 켠 듯 사람들의 눈을 즐겁게 한다.

비 온 뒤라 날씨가 제법 차가운데 오늘 하루 마음 단단히 먹고 대나무 장대를 하나 만들어 차에다 매달고 감밭에 다다랐다. 서리가 내려서 감잎은 다 지고 감만 남아 파란 하늘과 어울리는 풍경이 선경을 방불케 하는데 나는 멈칫 서서 감탄을 금할 수 없다. 선경을 침범하는 망나니처럼 나는 괜히 잠시 명상에 젖는다.

더구나 올해는 감이 작년보다 풍년인 데다 영감님이 허리가 갑자기 굽고 건강이 전 같지 않아서 나 혼자 감 따기가 선뜻 망설여지기도 한다. 하루 내내 하다 보면 끝이 나리라 마음먹고 시작했지만 섣불리 마음먹고는 하루를 채우고도 시간이 모자랄 것 같은 예감이 든다. 한편, 박 노인은 늘 건강하다며 여자들과 논 것을 훈장같이 자랑으로 여기던 분이 어느 날 갑자기 노쇠한 모습을 보이면서 인생의 허망함을 보는 듯하여 인생무상을 느끼게 한다. 감은 해마다 열리지만 고향에 남은 이들은 자식들이 다 출가하고 출타해서 딸 사람이 없는 시골 형편이다. 참으로 격세지감이 든다. 동네마다 아이들로 넘쳐나던 시절이 엊그제 같기만 해서 말이다.

내 어릴 적만 해도 가을이 되면 그대로 화려한 마술의 세계가 되었다. 당나라 시인 두목은 「산행」이라는 시에서 '霜葉紅於二月花상엽홍어이월화'라고 하지 않던가. '서리 물든 단풍이 2월의 꽃보다 더 붉다'는 말처럼 봄의 동네보다는 가을의 단풍치레가 더 화려하다. 동네를 둘러싼 산줄기가 단풍으로 물들면 봄의 진달래보다 더욱 아름답다. 더구나 서리 맞은 단풍잎도 아름답지만 빨간 감나무 잎을 주워 책갈피에 넣고 말없이 책을 선물하는 숙이의 마음은 가을 단풍보다도 더 붉고 아름다워 마음을 설레게 했다.

나뭇잎이 붉게 물들어 아름드리 감나무에 잎은 하나둘 떨어지고 붉은 감이 주렁주렁 얼굴을 내밀면 감만 붉게 동네를 밝히고 있어 파란 하늘로 둘러싸인 낮이나 달 밝은 밤이면 신비감을 주기도 하는 동네였다. 서리가 밤새 조용히 내리면 들판에 메뚜기 떼 살이 포동포동하게 오른 놈들이 노랗게 잘 익어 서리가 맺힌 벼 줄기에 암수가 하나 되어 있을 즈음, 동네는 앙상한 감나무 가지에 감들이 발갛게 익어간다. 고목 감나무에 꽃이 핀 듯 초가지붕 위로 한 폭의 그림으로 단장을 한다.

이때쯤이면 소슬바람도 때를 만난 듯 감을 어루만지면서 사랑스러워 못 견디는 몸짓으로 흔들어댄다. 빨갛게 익은 감이 서리를 맞으면 서서히 홍시로 변하는데 이 홍시를 먹으려고 새들이 날아든다. 새 중에도 까막까치가 요란스럽다. 가장 잘 익은, 사람의 손길이 장대로도 닿지 않는 곳의 감은 날짐승의 밥이라 해서 감을 다 따고도 남겨주는 넉넉한 농심이 있다. 배고프게 살면서도 자연과 함께하는 따스한 마음이 있다. 입동이 지나 서리가 짙어지면 높은 나무 위로 까마귀들이 까악까악 짖으며 맴돌고 덩달아 까치도 자기 집 사이로 쉴 새 없이 날아든다.

종다래끼를 하나 옆구리에 차고 장대에 홀랑개를 만들어 고목이 다 된 아름드리 감나무에 오르면 바람도 시샘하듯 흔들어대고 서리까마귀는 까치와 더불어 우짖는다. 겁 없이 감나무에 올라앉은 소년은 이웃집 숙이에게 겁쟁이 남자가 되지 않으려고 남자의 끼를 발휘한다. 탈 없이 잘 내려온 것이 지금 생각해도 아슬아슬하기만 하다. 감나무는 재질이 연해 잘 부러진다는 사실을 나이 들어 알고부터 더욱 그때의 일들이 아찔해 옴을 느낀다.

오늘도 돌아보면 인생의 위험한 고비마다 잘 넘긴 순간들을 다행이라고 감사하면서 산다. 꿈같은 한평생이지만 얼마나 많은 고비를 넘기며 사는 것이 인생인지 새삼 느낀다.

지금은 옛날처럼 고목 감나무도 없고 아름드리 감나무도 없다. 그저 밭에 심어놓은 감밭에 두어 키 넘는 감나무에 장대로 거의 다 딸 수 있는 높이다. 나의 삶도 앞으로는 위험도 험난함도 없는 지금의 감 따기처럼 평탄한 여생이기를 바라면서 감을 따고 있는 자신이 오늘은 무척 행복하다. 더구나 아직도 나의 손길이 필요한 곳이 있고 고희 된 나이에도 갓 따낸 홍시를 즐길 수 있는 여유를 만끽하면서 살아 있다는 낙樂을 맛보는 순간이다.

오늘도 가을 석양의 길목에서 감을 따면서, 나무마다 까치밥을 남겨놓고 하루를 마감하는 마음이 뿌듯하다.

(2012. 11)

# 뒤안

언제부터인지 현대인들은 뒤안을 모르고 살고 있다. 지금 뒤안은 그저 쓸모없는 장소, 어두운 장소, 음침한 장소로만 여겨진다. 뒤안길이라면 어둡고 서글픈 생활이나 처지를 비유해 쓰이는 말이기도 하다. 어쩌다 새로 짓는 새집의 뒤안도 겨우 사람 하나 드나들 너비에 앞마당만 키울 뿐 뒷마당은 거의 여백이 없다. 도시건 농촌이건 마찬가지다. 토지가 돈으로 별로 계산되지 못했던 시절에는 넓은 뒤안을 두고 여유로웠지만 토지가 곧 돈이라는 현대인은 여유를 두지 않으려 한다.

한 평의 땅이 여유롭지 못한 현대인은 뒤안을 둘 마음의 여유가 없다. 언제부턴지 한 평의 땅이 돈이라는 인식이 각인되면서 부자도 가난뱅이도 여유를 가지고 집을 지으려 들지 않는다. 부자는 부자대로 뒤안을 둘 마음의 여유가 없고 가난뱅이는 돈이 없어 여유 공간을 둘 수가 없다. 더구나 돈이 없는 서민에게는 뒤꼍이란 사치에 지나지 않는다.

1970년대 이전에는 초가집이 대부분이었지만 초가에도 마당을 여유롭게 두고 뒤뜰도 만들고 텃밭도 있었다. 그러나 근대화가 진행되면서 특수층이 아닌 서민은 전혀 고려되지 않는 곳이 뒤안이다. 뒤안이 있는 저택이라면 역시 특수층의 전유물이 되어 버린 현대에 서민은 언감생심이다. 앞도 못 가리는 처지에 뒤를 가질 필요도 방법도 없다.

내 어릴 적 동네의 집집이 뒤안이 있어 숨바꼭질도 많이 했다. 술래 몰래 뒤꼍 장독대 아니면 뒤안의 짚동으로 숨어들었다. 뒤뜰은 평온하고 안식이 있다. 그래서 뒤뜰의 추억은 남다르다. 밤에 몰래 처녀 총각이 숨어드는 곳도 뒤안이요, 며느리가 시어머니의 잔소리에 눈물을 삼키는 곳도 뒤안이다. 그러면서도 혼자 고단한 몸을 쉴 수 있는 곳도 뒤안이다.

우리 집 뒤안은 아주 넓었다. 뒤안 전체가 대나무밭이었고 이 왕대가 집을 에워싸고 집의 경계를 상수리나무가 만들어 주고 있었다. 집이 한 폭의 그림 같은 동양화의 화폭이었다. 그중에 패구나무도 있고 봄에는 탱자꽃이 하얗게 피는 탱자나무며 아카시아나무 등 사계절마다 뒤안에 꽃이 화려하게 장식하는 나무들이 있어 더 아담한 초가삼간이었다. 고목 된 꿀밤

나무가 가을이면 우두둑 꿀밤을 떨어뜨리고, 대나무밭에 눈이 한 자나 넘게 내리면 밤중에도 대나무 튀는 소리에 잠을 깨기도 한다. 바람이 불면 대나무밭의 밤바람 소리는 유난히도 소란스러웠다. 때때로 나는 자다 깨어 옆 동산의 장수나무에서 부엉이가 울면 소변을 못 참고 무서움에 떨면서 할머니를 깨워 오줌을 누는 밤이 많았다.

뒤안에는 봄이 되면 족제비와 살쾡이가 낮에도 어슬렁거린다. 이제 막 태어난 햇병아리를 노리는 놈들이다. 더구나 하늘에는 소리개가 먹이를 찾아 빙빙 돌고 대나무밭에는 살쾡이와 족제비가 노리는 판에 어미 닭은 병아리 챙기기에 정신없이 바쁘다. 한눈팔다 언제 귀여운 새끼를 잃을지 모른다. 적이 다가오면 병아리를 흩어 숨기고는 결사적으로 달려드는 어미의 모성애에 독수리도 살쾡이도 혼이 나 달아난다. 그러나 어미 닭이 눈 깜빡할 사이 족제비는 노랑 병아리를 낚아채고 달아난다. 이 생물의 먹이사슬을 항상 볼 수 있는 공간이 있어 나는 항상 자연과 가까웠고 세상을 많이 배웠다. 그곳은 더러는 할머니의 잔소리를 혼자 삭이는 어머니의 공간이었고, 어린 나이에 가정을 도맡고 가장 노릇을 해야 했던 형님의 한숨 터요 쉼터이기도 했다.

뒤안을 십여 미터 나서면 장수나무가 있고 옆에는 잔디가 잘 자란 묘지가 있어 나는 항상 저녁만 먹으면 이 소나무 옆

묘지 동산에 올라 하모니카를 불었다. 단옷날에는 온 동네 처녀 총각이 모여 그네를 뛰는 곳이라 장수나무를 군디나무(그네나무)라 칭했다. 우리 집 뒤안은 넓고 큰 동산이어서 영실이와의 깨알 같은 추억이 서린 곳이다.

돈이 많고 잘산다는 현대인은 뒤안을 잃었다. 뒤안이 없는 현대인은 여유를 잃고 풍류를 잃어 간다. 뒤안을 잃은 현대인은 더 고독하다. 고독을 해소할 장소가 없다. 뒤뜰에서 하늘을 보며 마음을 정화시키던 그 옛날의 나와 달리 지금 텔레비전이나 혹은 컴퓨터만 보고 앉은 나는 항상 옛 생각으로 허전하기만 하다. 뒤안 장독대 사이로 봉숭아를 심고 봉숭아꽃이 피면 손톱에 물을 곱게 들여 주던 이웃집 누나의 모습도 이제는 영영 볼 수 없는 풍경이요 추억이 되었다. 뒤안에는 짚동도 세우고 할머니가 간수하시는 성주단지도 모시던 곳이다. 시골의 대부분 집이라면 뒤안은 어머니들이 정성 들여 장을 담아 놓은 장꼬방이 아담하게 자리하고 감나무가 한그루 서고 까치가 보금자리를 틀고 새들이 아침저녁 지저귀는 항상 운치 있고 넉넉한 공간이었다.

현대인들은 바쁘다는 핑계로 뒤곁마저 잊고 산다. 지금의 아파트란 아예 성냥갑 같아서 담이니 뒤안이니 마당도 없다. 앞만 보고 뒤는 별 의미와 가치도 없다. 현실적이고 실리적인 현대인의 뒤안은 한갓 과거요 무가치한 공간일 뿐이다. 앞만 화려하고 보이는 것만 추구하는 실리가 뒤안을 몰아내고 있다. 은은한 미보다는 화끈한 것을 선호하는 현대문명이 그대로 반영된 집이다. 없는 것도 드러내기 좋아하는 의식이 앞에만 번지르르한 집을 만들고 겉치레만 번듯한 집을 만들었다.

우리 조상들이 뒷마당을 두고 공간을 이용하도록 한 것은 마음의 여유요 풍유를 사랑한 멋에서 나온 것이다.

이제 나이 들고 병약하여 다시 옛날로 돌아가고 싶다. 비록 작고 보잘것없어도 아담한 초가집에 넓은 뒤안을 두고 내 마음 아릴 때는 그 옛날로 돌아가고 싶다.

(2008. 3. 14)

# 말의 무게

말은 사회의 현실을 그대로 반영한다. 요즘 곳곳에서 말이 너무 혼탁한 것을 걱정하고 있다. 거기다 거짓말이 지나치게 오르내리는 풍조도 염려된다. 더 우려되는 것은 우리말 파괴가 너무 많이 행해지고 있다는 점이다. 사회가 험악해지면 말씨도 마찬가지로 험악해진다. 말이 순화되지 못했다는 것은 사회가 정의롭지 못하다는 증거다. 흔히 나라가 망하려면 언어가 먼저 망한다고 하는데 이는 말이란 사회를 그대로 투영시키는 거울이기 때문이다.

말이 많고 또 말 잘 바꾸기로는 무엇이 정치판보다 더할까. 정치판이 그만큼 혼탁하다는 증거다. 정치꾼들은 권모술수가 난무하는 것을 오히려 상식으로 치부하지만 요즘 들어서는 더

심한 것 같다. 하기야 어디 정치뿐인가. 세상이 깨이면서 온갖 곳에서 말의 홍수가 났는지 말은 확실히 옛날보다는 도도히 흐르는 흙탕물 같다. 한마디 말을 천금처럼 여겼던 옛 선비들의 말 한마디와 요즘 소위 정치 지도층이라 하는 이들의 말의 무게는 천양지차다. 옛날부터 배울수록 말에 무게가 있고 행동이 믿음직하며 정직하고 양심적이고 사회에 헌신적이라 여기는 것이 상식인데, 요즘 와서는 어찌된 셈인지 많이 배웠다는 사람일수록 정반대의 길을 가고 있으니 곡학아세도 유만부동이지 오히려 배우지 않음만 못하다는 자조가 나올 수밖에 없다.

온갖 말의 잡동사니들이 상업주의에 편승하여 청소년층에 유행한다는 것은 곧 사회가 그만큼 순화되지 못했다는 증거다. 가뜩이나 외래어에 찌든 우리말이 이제는 나라 안에서도 혼탁한 사회의 영향으로 다시 썩어 간다는 사실을 명심해 두어야 할 일이다. 사회가 정화될 때 말도 순화되고 말을 순화해야 사회가 올바로 선다. 말이란 그 나라의 얼이라 할진대 진실로 말의 순화 없이 좋은 문화도 기대할 수 없을 것이요 민족의 앞날도 결코 밝지 않다는 사실을 위정자부터 바로 알고 있어야 한다. 더구나 위정자와 지도층이라는 자들이 좌충우돌하는 현실에서 그들이 쏟아내는 혼탁한 말이 바로 나라말뿐 아니라 우리 고유의 문화마저 실종시키는 일이 벌어지지 않을까 두렵다. 우리는 지금 어디로 가고 있는가를 자문자답해야 할 시점이다.

말이 혼탁하다. 컴퓨터를 많이 사용하면서 젊은이들이 사이버 상에서 약어와 은어 비어의 홍수에 재미를 붙이고 있다. 어른들은 들어도 알 수 없는 말이 어린 아이들 사이에 풍미하고 있다. 요즘 컴퓨터 대화 방에 들어가 보면 오히려 비문이 판을 치고 있다. 문장뿐 아니라 단어까지도 자기들 임의대로 사용하고 있으니 차라리 은어라면 이해되지만 이런 말의 혼탁이 횡행하면서 사회의 어느 분야든 혼탁하지 않은 곳이 없다.

자라는 청소년층의 가요 내용을 보면 말의 아슬아슬한 고비를 넘는 것 같아서 아찔하다. 시적이고 서정적인 가사가 사라지고 있다. 세상을 너와 나라는 범주 속에 넣고 현실적이고 직설적인 대화조의 가사가 풍미하고 있다. 또 욕설까지 난무한다.

저속한 표현이야 나라의 대통령까지 질세라 현세를 풍미했었다.

"맞짱 한번 뜨자, 대통령도 못 해 먹겠다."라는 등 격에 맞지 않는 말들로 해서 국민은 황당해했다. 말이란 역동적인 힘을 가지고 있다. 지도자의 말 한마디는 나라를 좌지우지한다. 좀 더 세련되고 순화된 말이면 하는 마음이다.

외국에서 유학 온 학생이 오히려 우리말을 걱정하는 일이

신문에 버젓이 나오고 있다. 한국인은 말 속에서 어찌 그렇게 외국어를 잘 섞어 사용하는지 모르겠다는 그 외국인 아가씨의 말은 우리의 언어 양심의 정곡을 찌르는 말이라서 얼굴이 붉어진다.

온갖 말의 잡동사니들이 상업주의에 편승하여 청소년층에 유행한다는 것은 곧 사회가 그만큼 혼탁해 가고 있다는 증거다. 가뜩이나 외래어에 찌든 우리말이 안에서도 혼탁한 사회의 영향으로 다시 썩어 간다는 사실을 명심해 두어야 할 일이다. 사회가 정화될 때 말도 순화되고 말을 순화해야 사회가 올바로 선다. 말이란 그 나라의 얼이라 할진대 진실로 말의 순화 없이 좋은 문화도 기대할 수 없을 것이요 민족의 앞날도 결코 밝지 않다는 사실을 위정자부터 바로 알고 있어야 한다. 지도층이라는 이들이 쏟아내는 혼탁한 말로 나라말뿐 아니라 문화마저 실종되는 일이 벌어지지 않을까 두렵다.

(2013)

# 방귀

아무 장소나 아무 때나 얌체같이 실없이 나오는 것이 방귀다. 이 방귀를 경상도 사람들은 방귀라 부르기도 하고 비속한 말로 감자라고도 한다. 방귀란 양면이 있어서 부정적일 때는 냄새를 연상하게 하고 긍정적일 때는 소리만을 연상해서 웃음을 자아낸다. 방귀 소리는 엄숙하거나 분위기가 고요할 때 더욱 유난스럽고 해학을 더하여 웃음을 자아낸다. 방귀는 자리에서 흔히 냄새만 없다면 웃음으로 넘어가지만 냄새로 해서 때로 불경스러운 면이 없지 않다. 방귀를 뀌는 사람이 자제력이 없거나 어쩌다 속수무책인 경우도 없지 않지만 일부러 좌중을 의식하고 한바탕 웃기려고 방귀를 뀌는 경우도 있다. 소리로만 친다면 이놈은 여간 생의 활력소가 되는 것이 아니다.

가락이 있어 사람들에게 웃음을 자아낸다. 더구나 무관한 친구 사이의 모임이라면 이 방귀는 더 웃음의 자리를 만든다.

김천지방 비속어로 피감자라는 말이 방귀를 대신하기도 한다. 식용 감자 중에는 검은 색 나는 감자가 있는데 이 감자는 겉은 검고 껍질을 한 겹만 벗기면 보라색이 비친다. 이 검은 감자 모양과 약간 아린 맛이 방귀냄새를 연상하리만큼 고약한 데가 있다. 피감자와 방귀는 아마도 감자의 아린 맛과 방귀의 구린내 나는 후각, 그리고 감자의 검은 못생긴 모양의 시각이 공감각적 이미지를 같게 하는 이유라 여겨진다. 피감자란 말이 나왔으니 말이지만 방귀 중에도 피감자 같은 방귀는 소리는 시원찮지만 냄새가 아주 고약하다. 그러나 피감자는 잘만 삶으면 분이 많고 맛도 있어서, 즐거운 모임에서 잘 뿜어낸 방귀 소리와도 어느 점에서는 닮은꼴이기도 하다.

보리밥을 많이 먹던, 못살던 시절에는 방귀쟁이가 많았다. 보리밥은 방귀 소리도 냄새도 보통이 아니어서 방귀 생성의 최적합 먹거리다. 그러나 사람에 따라서는 방귀도 많이 달라서 종류도 다양하다. 처녀처럼 얌전하고 조심스럽다고 처녀방귀가 있다. 이놈은 조심하는 사람에게서 더 많이 나타나는데 처음에는 슬며시 시작하다가 시나브로 가늘고 높은 소프라노의 음악성을 더하면 모두들 입가에 미소가 달린다. 또 기차방귀도 있다. 방귀가 한번 시작되면 기차 고빼를 단 것처럼 길게 연속하여 엉덩이만 들면 하나씩 나오는 방귀다. 이제나 그제나 하고 언제 그칠지 모르는 기다림이 웃음을 동반한다. 또 기차불통이 시끄럽고 길게 지나가는 것 같은 방귀도 있다. 소리가 유난히 크고 연달아 계속하여 공기를 가르는 방귀다. 이쯤되면 누군들 웃음보가 터지지 않으랴.

방귀란 놈은 점잖은 사람의 친구가 될 수는 없다. 그러면서도 그 자리를 부드럽고 웃음이 있게 하고 분위기를 일신하는 묘한 놈이기도 하다. 말하자면 삶의 양념 같은 것이요, 때로는 한약 속에 든 생활의 감초 같은 구실을 한다. 이 방귀는 고요하고 정숙하고 어려운 자리일수록 더 위력을 발휘한다. 말하자면 점잖은 모임에서 또는 총각과 처녀의 맞선 자리에서 조심을 동반할수록 더 참지 못하고 고개를 내민다. 참다가 나오는 이때 방귀는 피감자가 되어 오히려 자리를 난감하게 만든다.

한번은 이런 일이 있었다. 간부회의 시간에 교장이 선생에게 엄숙하게 질문을 하는 순간이었다. 모두들 침묵이 흐르는 순간에 난데없이 누군가 방귀소리를 내지르면서 실내의 공기를 뒤흔들어 놓았다. 교장의 얼굴이 붉으락푸르락하는데 모두들 입은 다물었지만 이미 킥킥 하는 웃음소리가 좌중에 물결쳤다. 모두가 하나같이 한바탕 웃음꽃을 피우니 교장도 웃지 않을 수 없는 상황이 되었다. 이런 경우에 방귀의 주인공을 찾지 않아서 좋다. 그저 웃음이 있을 뿐이요, 실례라기보다는 오히려 분위기 촉매제가 된 셈이다. 이런 일은 술 한 잔보다도 더 분위기를 해빙한다.

내가 어릴 적에 동네서 들은 방귀에 얽힌 일화이다.

"우리 집안 아저씨 한 분은 이 기차불통 방귀에 전문이어서 마음만 먹고 엉덩이만 들면 방귀를 생성한다. 그래서 그 아저씨는 방귀쟁이 아저씨란 별명이 붙었다. 그분은 평소에 방귀를 그림자같이 달고 다니는 사람이었다. 동네 사람들은 이미 익히 아는 일이라 별로 웃는 일 없이 잘 받아들였으나 때로는 웃을 수만 없는 일도 벌어졌다.

종중에 묘사墓祀를 지내는 늦가을, 눈이 펄펄 날리는 날이었다. 집안 어른들이 모이고 외지에서도 손님이 오는 자리였다. 이날에 방귀쟁이 아저씨가 이 자리에 낯을 내밀었겠다. 순서에 따라 제사가 한창 진행되는데 요상한 소리가 쉬엄쉬엄 나오기 시작했다. 그러나 이 방귀는 염치도 없이 쉼 없이 나왔다. 처음에는 모두들 잘 참았으나 갈수록 더 계속되는 기차방귀인지라 그칠 줄을 몰랐다. 모두들 입이 실룩거리기 시작했다. 이게 참으로 황당한 상황이다. 이걸 어쩌랴, 제일 항렬이 높은 어른이신 삼실 할아버지가 에햄을 몇 번 해도 막무가내다. 외지 손님들이 없다면 얼마든지 상황을 잘 수습하련만 이러지도 저러지도 못하는 순간이 지났다. 그때 지혜로운 태술이 아저씨가 슬쩍 방귀쟁이 아저씨 옆으로 가 지혜롭게 다른 골짜기로 데려가는 바람에 일을 잘 치르고 무사히 묘사墓祀는 끝이 났다."고 했다. 내가 알기로는 이 방귀쟁이 아저씨는 이후로 다시는 그 행사에 나타나지 않았다. 타관으로 나간 아저씨가 그 뒤로 방귀로 인해서 별다른 사건은 없는지 어쩐지 궁금하다.

# 새천년

한 해가 저문다. 한 세기가 흐른다.

20세기가 저물고 새천년이 시작된다. 나는 이때 무엇을 해야 할지 고심했다. 막내의 대학 입시 때문에 정신없이 보내다가 1999년이 12월도 다 가고 있었다. 이제 마지막 이틀을 맞으면서 마음을 가다듬으며 엄숙한 새천년을 맞고 싶은 경건한 마음이 불현듯 일었다. 남들은 새천년을 맞는다고 새해 1월 1일을 엄숙하게 맞이하겠다면서 정동진이나 호미곶으로 떠났다. 새해의 일출을 보면서 새 마음가짐과 새 소망을 빈다는 취지는 좋지만 호텔을 예약하고 즐겁게 맞을 여유도 마음의 준비도 없어서 집에 안주했다. 그러던 중에도 12월 30일은 한 해를 반성하면서 작은 산이라도 올라야겠다는 마음이 들어 갑작스레 교회의 H장로와 P장로 이렇게 셋이서 입을 맞추어 아침 일찍이 길을 떠났다.

9시에 만나서 H장로의 차를 타고 무주로 향했다. 무주 적상산이 목적지였다. 눈이 온 뒤끝이라 날은 화창하고 맑아서 바람 한 점 없는 날씨다. 지례서 부항 쪽으로 접어들어서 어전 가는 길에서 새로 산을 뚫어 나제 통문으로 이어지는 새 길을 이용하니 찻길은 좋았다. 더구나 새 굴이 뚫려서 나제 통문을 한 시간여 만에 도착해서 커피 한 잔과 간식으로 몸을 추스르고 11시에 무주 적상산 입구에 도착했다. 도착하고 보니 예상이 글러 먹었다. 듣기로는 차로 올라 거의 드라이브 코스라는 말과는 달리 눈이 얼음으로 얼어서 차는 엄두도 못 내겠다. 가을에는 온 산이 붉은 치마를 입은 듯이 가을 단풍이 장관이어서 적상赤裳산이라 했다는데 오늘은 온통 눈 온 것이 녹지를 않아서 은산銀山이 되어 있었다.

우리는 어쩔 수 없어서 매표소부터 아예 차를 두고 걷기로 작심하고 걸었다. 차가 지나간 자국은 아예 얼음이 되어서 걸을 엄두도 못 내고 언 눈 위로 걸어 올랐다. 세 사람이 어쩌다 발이 맞으면 병정의 사열하듯 군화의 발자국 소리가 요란했다. 8km의 산길, 찻길이 구절양장 같아서 눈길이 아니면 참 좋을 뻔했다. 그래도 미끄러워서 조심스럽게 한 걸음 한 걸음 옮기는 발길이 적막이 흐르는 산에 정적을 깨고 있었다. 가끔씩

짐승들의 자취도 찾으며 다리가 팍팍하다는 느낌이 들 때는 인생길을 생각해 보기도 했다.

그러나 준비 없는 등반은 괴로움이 따랐다. 먼저 답파한 사람에 의하면 산록에 매점이 있다는 소리만 믿고 오른 것이 화근이었다. 이 추운 동지섣달에 누가 인적이 드문 곳에다 혼자 기다리고 앉아 있으리오. 생각이 미치지 못하는 어리석음으로 해서 정상에 올라서니 추위에다가 배고픔이 참기가 어려웠다. 바삐 떠나온 길이라 가지고 온 것이라고는 오징어 두 마리와 사과 몇 개가 다였다. 허기진 배를 채우기는 역부족이었다. 요기만 간단히 하고 양수 발전소를 오르기란 힘이 들었다. 정상에 올라 굽어보니 인공호반이 펼쳐져 있었다. 안국사가 뒤에 앉고 앞으로 펼쳐진 맑은 호수가 우리를 맞았다. 산은 물에 잠기어 적요한데 인적 없는 호숫가에 사슴이라도 막 내려올 듯도 하다. 양수 발전 탱크 위의 전망대로 올랐다. 조망하여 산 아래로 댐이 지척인 것 같이 파랗게 펼쳐 있고 멀리 덕유산 스키장도 보인다. 조금 아래로 내리니 도통사 최영의 요새인 산성이 아직도 800여 미터나 펼쳐 있다. 또 안국사에는 실록전이 있어서 실록을 보관한 흔적도 보인다. 나의 1999년은 이렇게 고생하는 보람으로 하루를 보냈다.

○ 12. 31. (금요일)

오늘은 어제 무주 적상산을 다녀와 아들과 딸, 아내와 모여 앉아 여러 가지 얘기를 나누면서 하루를 집안에서 보내기로 했다. 내일 아침은 가족 모두가 함께 고성산에 올라서 새천년 시작의 새 아침을 맞자고 약속도 해 놓고 오늘은 조용히 지나온 세월을 성찰하고 반성해 보자고 앉았다. 오늘은, 오늘 하루가 저물면서 한 세기가 바뀌는 날이요 천 년이 가고 오는 날이다. 헌 천년을 보내고 새 천년을 맞이한다고 온통 세상이 야단법석이다. 그로 보면 우리는 두 세기를 사는 두 천 년의 삶이다. 19세기 말에도 허무주의와 퇴폐주의 세기말 사상이 팽배했다더니 20세기 말도 별다를 바가 없는 듯하다. 20세기는 물질문명의 눈부신 발전과 황금만능의 팽배로 어지러운 물질위주의 세상에다가 공산주의와 민주주의의 이념 대립으로 온갖 전쟁이 끊이지 않은 한 세기였다. 더구나 우리나라는 이 격동의 한가운데서 온갖 풍상을 겪어 왔고 지금도 남북이 대치한 세계 유일한 분단의 상처와 아픔을 가지고 살고 있다. 이로써 사상의 갈등과 급속한 서구화로 혼돈과 부정 불의와 가식이 팽배해 있다.

이제 새천년의 벽두에 섰다. 우리는 이제 변해야 할 때가 온 것 같다. 새로운 계기가 올 때 사람이란 깨닫고 변화하는 법이다. 이제 새 세기 새천년 새해를 맞으면서 새 계기를 맞을 일이다. 새로운 나라 새로운 나로 거듭나야 할 때다. 이제는 온갖 불신과 정쟁, 사회적인 갈등을 쓸어버리고 새로운 천시를 맞이해야 되리라. 손자병법에 적을 이기기 위해서는 천시, 지리, 인화를 든다지만 우리가 지금 새 도약을 위해서 새 역사를 창조할 시기가 된 듯하다. 앞으로는 정보사회가 된다고 한다. 아무리 정보사회가 된다고 한들 인간의 정신이 쇄신되지 않으면 헛것이다. 정보를 지배하고 조종하는 것은 소수 인간들이다. 이들이 의식을 바꾸어야 세상이 바뀐다.

오늘도 제야의 종을 울릴 것이다. 제야의 종은 그냥 치는 것이 아니라 구시대를 벗어 버리고 새 시대를 맞이하자는 몸부림이다. 우리 할아버지 할머니가 그믐날에 마당을 깨끗이 하고 집을 대청소하며 목욕재계하는 것도 구각을 벗고 마음의 의식을 깨끗이 하자는 의미가 아니겠는가. 오늘까지는 20세기의 옷을 벗고 내일부터는 새 옷을 입고 의식세탁도 해야 할 시간이다. 밤 10시 y2k를 시작하면서 컴퓨터의 인식 오류가 올 가능성으로 세계가 비상근무를 하고 새 밀레니엄을 맞는다고 떠들썩하다.

밤 0시 예배를 본다고 교회로 향했다.

## 허풍쟁이

어려운 시기에도 낙천주의자 박 선생은 희희낙락이다. 선생은 외모야 훤칠한 키에 미남형이어서 세상의 고물과는 거리가 멀 것 같은 인상이다.

오늘 아침에도 대뜸 한다는 말씀이

"어이. 봐, 오늘 아침에 나 한 건 했어. 차 한 잔 살게."

"또 한 건 하셨어?"

"하마, 오늘은 진짜라 생생하다고, 플러그만 갈면 새것이라고."

"이제 제발 선생님, 고물 이제 그만 주우시라구요."

'뭐, 이 사람이 남 밥그릇 떼려나, 난 이게 낙이야, 버린 물건 주워 새것으로 쓰는 재미를 당신들이 어이 알아."

아침에 만나서 앉으면 새벽에 물건 주운 이야기가 시작된다. 성격이 낙천적이고 부지런하다. 저녁 6시만 되면 잠자기가 바쁘다니 어린이 교육에서처럼 일찍 자고 일찍 일어나기는 몸에 배었다. 너무 지나칠 정도다. 그래서 그런지 높이 나는 새가 먹이를 많이 얻는다더니 직장에서도 제일 부자다. 그는 세상을 천당이라고 말한다. 살기 좋고 즐겁다는 지론이다. 늙거나 젊거나 옆에만 앉으면 차 한 잔을 권하는 성품이고 씀씀이도 그만이다. 그러면서도 불의를 못 보는 성미여서 가끔 큰소리도 내는 분이다.

그 중에도 허풍이 있어선지 진짜인지 모르나 예순 중반에도 항상 정열이 청춘이라고 자랑을 한다. 거짓이라고 윽박지르면 "그렇게 못 믿으면 직접 집으로 집사람한테 확인해 봐." 라고 하는 데야 더 할 말을 잊는다. 허풍이라는 것이 중론이지만 알 수는 없는 일이다. 다만 너무 당당한 말 속에는 어느 정도 믿음성도 없는 바는 아니지만 못 믿을 이유도 있다.

말하자면 학생들로부터 시체라는 별명을 얻은 일도 있어서다. 10여 년 전에는 몇 년간을 알 수 없는 병으로 시름시름 앓아서 고생을 한 적이 있고 또 우울증 증세마저 호소한 적이 있다. 이것으로 보면 도저히 믿기지 않는 점도 있다. 이 점에 대하여 말하면 오히려 역공이다. 변명하기를 아플 때 안사람이 보약을 많이 먹여서 호전된 결과라고 하고 있다. 하여튼 호전하여 열심히 사는 것만은 틀림없다.

새벽 두세 시면 이미 일어나 활동을 한다. 할 일이 없으니 아파트 주변이나 주택가를 다니면서 버려진 잡동사니를 일일이 살핀다. 자전거를 타고 돌면서 이렇게 하기를 몇십 년을 다녔다. 이렇게 산 삶이라 부끄러움도 없다. 중고품을 모아서 손을 봐서 남들에게 주기도 하고 쓰기도 한다. 새벽을 일찍 여는 사람은 하루가 그만큼 일찍 시작한다. 그래서 남보다 먼저 물건을 만날 수 있다. 냉장고며 가전제품에 쓸 만한 것은 모아 재생을 한다.

노래를 한 번이라도 흥얼거린 적이 없다. 그러면서도 고가의 전축을 구비해놓고 즐기고 있다. 중고 전축, 축음기에다 갖출 것은 다 갖추어 놓고 산다. 더구나 술도 한 잔 노래도 한가락 못 하면서 항상 낙천적이다. 술은 그만두고라도 노래 한가락 할 줄 모르면서 이 세상을 그렇게 낙천적으로 살 수 있을까. 이 세상이 천국이라 할 수 있을까. 거기다 교제하는 여자는 전혀 없으리라는 예상은 오산이다. 예순의 나이에 다방 아가씨를 데리고 산으로 냇가로 가기를 즐긴다. 내 자동차를 이용하여 사흘이 멀다 하고 놀러 가길 좋아했다. 말하자면 돈 쓰기를 좋아했다. 장로인 나를 앞세우고 다니면 믿어준다고 대동하고 말이다. 그렇게 놀기를 좋아할 뿐이지 바람이 나거나 색을 밝히는 것은 아니다.

어쨌든 방년의 아가씨들을 대동하는 재미로, 돈을 쓰는 재미로 남을 사랑한다는 것은 보통 실력은 아닌 듯하다. 정신적으로나마 정력이 세다는 말이 맞는 듯하다. 이로 본다면 전혀 거짓은 아닌가도 여겨진다. 반만 믿고 반은 못 믿는 참 묘한 마음이다.

별로 재미라고는 찾을 곳 없는, 술도 못 하고 노래도 못 하는 데다가 무취미한 그가 여자들 데리고 데이트하고 팁을 주고 즐거워한다. 그리고 새벽을 돌면서 중고품을 고쳐 남에게 선물한다. 필요하면 고쳐 쓴다. 허풍은 많지만 사는 생활은 검소하고 남에게 전혀 해를 주지 않고 물건을 아낄 줄 아는 아름다운 삶이 있다.

# 짐

시골서 자란 사람이라면 누구나 지게로 짐을 져야 하는 고통을 겪은 산 경험이 있을 것이다. '남자는 지고 여자는 이고'라는 남부여대의 성어가 있듯이 우리 조상들은 피란을 갈 때는 물론이고 물건을 운반하는 제일 좋은 수단이 바로 여자는 머리에 이고 남자는 등에 지는 일이었다. 내 어릴 적만 해도 동구 밖 오두막 패구나무 아래 서 있으면, 겨울이나 봄이나 해가 막 지려는 즈음에 군대 행진하듯 심산에서 지고 오는 나무꾼들의 나뭇짐 행진은 너무 흔한 정경이었다. 그들이 가야 할 길은 아직도 십 리나 이십 리나 더 가야 할 고된 길이다. 나무를 한 짐 지고도 쏜살같이 달리던 일꾼들, 하루 내내 나무 한 짐을 위해 먼 산길을 왕래하며 짐과 씨름을 했던 가난한 시골의 생활이었다. 나뭇짐뿐 아니라 쌀가마든 고구마든 모두 지게로 져서 나르던 시절이 있었다. 그래서 지게는 곧 서민 삶의 표상이었고 서민의 일생 업이었다.

성경에서도 "짐 진 자들아 다 내게로 오라. 내 너를 쉬게 하리라" 하고 부르고 있다. 짐 진 자는 가난한 사람이요 서민이며 불쌍한 사람들이다. 이런 사람을 사랑한 구원자의 부름이다.

짐은 이제 서민뿐 아니라 현실을 사는 모든 사람이 다 져야 하는 삶의 업이다. 옛날에는 육체적 짐이라면 지금은 정신적 짐이 더 많다. 육체적인 짐에서 정신적 스트레스가 주는 짐이 더 우리를 억누르고 있다. 보고 듣는 모든 것이 살아가는 데 짐이 되고 있으니 현대인은 참으로 짐에 억눌려 사는 불행한 존재들이다. 기독교에서는 원죄를 지은 죄인의 자손들이라 카인의 후예는 어쩔 수 없이 죄인이라지만 그 죄를 대속代贖한 예수의 골고다 고난과 십자가의 죽음으로 인간은 죄에서 구원되었다고 말한다. 그러나 인간의 원죄는 속죄贖罪되었더라도 현실의 짐까지는 완전히 제할 수 없는 것이 세상을 사는 인간이라 여겨진다. 인간은 누구나 짐을 지고 살아야 하는 불쌍한 존재다. 불교에서는 속세를 고해의 세상이라고 했다. 고해苦海란 글자 그대로 고생의 바다다. 세상은 고뇌가 가득한 곳 곧 온갖 번뇌를 지고 살아야 한다는 의미다. 고뇌와 괴로움 온갖 잡념들이 모두 삶의 짐이다.

형은 나보다 여덟 살 연상이었다. 내가 초등학교에 들어가기도 전에 아버님이 타계하시어 형은 갑자기 집안의 호주 노릇을 감당해야 했다. 초등학교도 중퇴하고 가정을 떠맡았다. 형은 장자라는 이유로 아버지 대신 후치와 쟁기를 맡아야 했고 논밭을 갈고 나무를 하고 동생들을 돌봐야 하는 힘겨운 삶의 짐을 혼자 져야만 했다. 단지 장자라는 이유만으로 짐 져야 하는 숙명이었다. 그 어린 시절의 고달픈 삶이 연세가 더하여도 변화가 없이 쉴 틈 없는 삶의 짐은 이 세상 떠날 때까지 벗어나질 못했다. 고달픈 지게질이 싫어서 몸부림도 쳐봤지만 짐을 벗지 못하고 더 큰 짐을 지고서 저세상으로 갔다. 큰 병으로 세상을 등진 것이 애석하지만 차라리 세상 짐을 벗어 던지고 병마에서 해방되어 편안한 세상으로 갔다고 나는 믿는다.

산다는 것은 곧 짐을 지고 간다는 의미다. 온갖 정보가 주는 스트레스는 우리를 우울하게 하고 더러는 직장 일로 혹은 사회적 박탈감으로 우리를 소외감으로 몰아넣을 때 짐이 된다. 이웃들 중에 누군가가 투기로 많은 경제적 부유함을 누릴 때 나만 동참하지 못한 것에 허탈해진다. 나만 깨끗한척해 본들 돈을 폼 나게 쓰는 친구를 보면서 비애를 느낀다. 가정이 가난에서 못 벗어나는 줄 알면서도 고고한 척 버티다가 가난에서 벗어나지 못하고 사는 가족을 볼 때는 때로 불현듯 '잘못 살았구나' 하는 자책을 해 본다. 그런 가운데서도 자꾸 혼잣말로 나의 길을 자위하며 위로해 보지만 그래도 현실은 더 나의 짐이고 비애다. 이런 비애에서 탈출할 수만 있다면 하고 소망해 보아도 못난 사람에게는 체념으로 남는다. 그러다가 때로 탈 없이 살다 보면 조금의 달관도 하고 살리라 믿어 보지만 항상 그렇지를 못하다. 인생의 짐은 누구에게나 있는 것이지만 어떤 사람에게는 가볍고 어떤 사람에게는 무겁게 느끼는 차이가 있을 따름이다. 그 짐이 무거우냐 혹은 가벼우냐 하는 것은 그 사람의 삶의 태도에 달려 있다.

짐은 살아가는 중에 당연히 져야 되는 십자가로 생각하고, 오히려 사는 과정이라고 긍정하면서, 짐 위에 오히려 진달래 꽃이라도 한 다발 꽂을 줄 아는 그 옛날 나무꾼의 담담한 마음이면 좋겠다. 이런 짐꾼은 하루의 보람과 더불어 짐이 생의 동반자로 여길 때 그 짐은 가벼울 것이고, 반대로 짐으로 늘 버겁고 짓누르는 마음일 때는 삶이 힘이 들고 더 고달파지게 마련이다. 이럴 경우는 사는 것이 단지 먹기 위한 목적이 되어 고달픔이 배로 따르게 마련이다. 무게를 덜어 보려고 노력하는 만큼 더 짐은 무겁고 생에 대한 괴로움은 더한다.

한편 내 짐이 무거운 세상에 남의 짐을 더 지고도 즐거워하는 사람이 더러 있다. 이들은 자기 짐보다 남의 짐에 더 관심을 쏟는 사회의 소금이요 등불이다. 봉사는 자기 짐이 가볍고 없어서 남의 짐을 지려는 사람이 아니다. 조금은 역설이지만 자기 짐도 무거운 사람이 오히려 남의 짐도 져 주는 일이 허다하다. 이들이 진정 사회의 소금이요 등불이다. 과부 사정 홀아비가 안다는 말이다. 이웃을 위하는 사랑이 봉사라면 인류를 위하는 희생이 성자의 정신이다. 이런 사람에게는 남의 짐이 무거울 리 없고 흔쾌한 마음과 보람으로 여겨서 결국은 성인으로 승화되는 아름다움이 있다. 세상이 살맛 나는 곳으로 되려면, 나의 짐도 사는 과정으로 즐거이 질 일이요, 남의 짐도 나의 살아가는 보람으로 여기는 마음이 함께 어울려야 가능하다.

# 캐나다 로키 기행

8월 10일 출발, 10박 11일의 캐나다 대장정이다. 가까운 친인척들이 캐나다 여행을 계획한 지도 2년 여나 지나서 실행하는 행사라 어렵게 성사되었다. 너무나 방대하고 큰 나라인지라 기행은 10박이지만 갈 곳이 너무 많았다. 여정을 주마간산走馬看山 격으로 더듬어본다.

출발 며칠 남기지 않고 큰처형이 교통사고로 병원을 드나든다는 소식에 여행이 어렵게 되는구나 하고 짐작을 했다. 그러나 여행은 진척되어서 떠나기 며칠 전부터 필요한 물건을 산다며 이것저것 준비하느라 바쁘고 아내도 정신없는 며칠을 보내는 듯했다. 즐거운 준비였다. 떠나는 10일 아침에는 물건을 챙기고 차를 몰고 대전으로 출발했다. 큰처형은 속리산에서 아픈 몸을 이끌고 마지막 여행일 것이라며 부득부득 오셨고, 작은처형도 하이힐에 발이 밟혀서 치료 중에도 대구서 오셨다. 작은처남댁도 아이들과 인천 비행장으로 직행하고 처조카는 젖먹이 어린애를 떼어놓고 모였다. 대전서 봉고로 인천공항으로 향하게 되어 있다. 캐나다에 거주하는 처조카가 가이드로 나섰고 우리는 조카의 인도로 저녁쯤 해서 인천공항을 출발하여 태평양을 건너고 있다. 기내에서 잠도 오지 않았다. 옆에 앉은 캐나다 여인의 거대한 몸으로 더 불편했다. 잠을 자지 않아도 들뜬 마음으로 인해서인지 피로는 모르겠다.

기내에서 잠을 이루지 못하다가 출발 전에 구수의 부음을 듣고 온지라 '구수의 삶'이라는 글을 쓰기 시작했다. 서너 시간을 고심하며 한 불쌍한 사람의 한평생 고생을 간단히 생을 마감한 이야기로 써 내려갔다. 그럴듯하게 만들어진 것 같아서 잠 못 이루는 밤의 보람도 맛보았다. 긴 비행기 속의 여정은 하룻밤으로 온전히 끝이 났다.

밴쿠버 공항에 내리니 현지 시간으로 11시쯤이었다. 현지에서 보는 첫인상은 역시 이국적이었다. 그중 눈에 띄는 것이 택시였는데 이것이 특이했다. 우리나라의 의전용 택시가 공항 앞에 대기하고 손님을 기다리고 있어 이색적이었다. 그러나 우리는 따로 봉고가 두 대 나와서 민박집으로 직행했다. 민박집은 교인이어서 좋았다. 교회의 강도사로 가 있는 분이라 여러 가지로 편리를 봐 주고 반갑게 맞았다. 우선 여장을 풀고 가까운 곳으로 간단히 산책할 마음으로 바닷가로 나갔다.

바닷가에서 웃통을 발가벗고 앉은 남자 옆에서 애인인 듯한 여자가 우리를 오히려 이방인이라고 구경거리로 여기는 듯하다. 바라보이는 눈 덮인 산이 미국 쪽 빙산이라고 한다. 파란 바다와 백옥 같은 빙하의 산이 어우러져 더운 8월의 무더위가 보기만 해도 날아가 버리는 듯했다. 나무가 많은 까닭인지 바다로 나가는 망대도 다리를 나무로 만들어서 나무천지다운 면모를 유감없이 보여주고 있다.

이 캐나다를 쉽게 말하면 남한의 100배 남북을 합친 우리나라의 50배 크기의 국토와 산림이 잘 보존되어 산림만으로도 향후 150년을 살아갈 수 있는 산림자원이 풍부한 곳이라고 들었다. 에메랄드빛 호수와 대조적으로 한여름에도 은산銀山으로 저립佇立하고 서 있는 아름다운 경관, 산림보호가 철저한 나라, 그러면서도 인구는 우리나라의 반밖에 안 되는 세계에서 제일 살고 싶은 나라로 손꼽히는 캐나다다.

여정은 밴쿠버와 로키산맥으로 크게 잡아 밴쿠버 도시와 섬 그리고 캐나디안 로키를 중심으로 잡았다.

○ 제3일째(8월 12일)

민박집을 아침 8시에 출발, 봉고에 우리 일행 13명은 몸을 실었다. 페리 호에 차와 같이 승선하여 1시간 30분간 배를 타고 밴쿠버 아일랜드에 도착했다. 중간 도시 나나이모 시내를 구경하고 슈메이너스로 향했다. 마을 전체가 벽화로 장식된 벽화마을이다. 벽화가 바로 관광자원인 도시, 19C~20C 초 원주민과 백인의 역사와 풍물이 벽화로 제작되어 해마다 벽화축제가 열리며 거리에는 노란색 발자국을 따라 다니며 구경하는 재미도 있다. 던컨으로 이동하여 숙소를 들었는데 호텔 앞의 게잡이가 재미를 쏠쏠하게 했다. 여장을 일찍 풀고 닭을 10마리 샀다. 게잡이 하는 데 미끼로 쓰기 위해서다. 닭장 같은 철사로 된 사각 혹은 원통에 통닭을 몇 마리 넣고 30여 분만 기다리면 게가 한 통에 5~6마리씩 잡혔다. 처형과 처제 그리고 조카들이 모두 흥분하고 신이 난 일행은 게 잡는 재미로 들떠 있었다. 30여 마리를 잡아 모두들 재미에 취했다. 한창 게잡이에 흥이 나 하는 차에 가이드가 나타나 게를 놓아주어야 한다고 입씨름이 벌어졌다. 알고 보니 관광의 재미로 즐길 뿐이지 취하지는 않는다는 것이다. 아깝다! 손바닥 두 배씩이나 되는 큰 게를 거의 다 버리고 그중 큰놈 두어 마리만 저녁 식사감으로 취하여 가져갔다. 아쉬운 마음 대신으로 저녁은 미리 준비한 게를 두 마리씩이나 먹어 치웠다. 잡은 게를 취하지 못한 아쉬움을 저녁 식사의 포식으로 대신한 셈이다.

○ 제4일 (8월 13일)

아침 7시에 호텔을 출발 밴쿠버 섬의 최남단 정원의 도시

빅토리아로 향했다. 캐나다 내에서도 은퇴한 노인들이 가장 많이 살고 싶어 하고 또 살고 있는 캐나다 최고의 살기 좋은 도시다. 빅토리아 주 의사당을 비롯해 아직도 영국 냄새가 남아 있는 곳이다. 오후에는 사시사철 정원인 부차드 가든으로 향했다. 육만여 평의 넓이에 연간 백만 명의 관광객이 다녀간다는 곳이다. 원래는 채석장 시멘트 공장 부지이던 곳을 로버트 핌 부차드가 공장 문을 닫은 1904년 경 그의 부인이 선컨 가든을 시작으로 지금은 선컨 가든 로스분수 장미정원 일본정원 나비정원 이탈리아정원 등이 꽃 천지를 이루고 있다. 수만 평의 현대판 낙원으로 꽃과 나무가 어울린 파라다이스다. 관광객이 만원이다. 밴쿠버 섬을 찾는 사람마다 이곳을 찾는다고 했다. 말로 형언할 수 없는 아름다운 꽃의 세계다. 아무리 보고 있어도 싫증나지 않는 절경에 떠나기 싫은 발걸음을 꽃향기 차 몇 봉지로 대신하고 밴쿠버 섬을 떠나왔다.

○ 제5일(8월 14일)

오늘부터 로키산 여정이다. 민박집의 주인은 10년을 살아도 아직 가 보지 못했다면서 산이 춥다는 소리만 듣고 난방 자리까지 챙겨주면서 떠나게 했다. 밴쿠버 세라톤 호텔 앞에서 8시 출발. 그레이하운드는 56인승으로 2층 버스 같다.

9,500km의 고속도로 트랜스 캐나다하이웨이를 달린다. 보이는 건 숲과 호수와 은색의 설산이 보일 뿐이다. 두 시간 여

를 달리는 중 차가 중간에 서버렸다. 운전수와 가이드는 한 시간쯤 온몸에 땀으로 범벅이 되어 낑낑거린다. 일행은 냇가에 앉아 유유자적이다. 이것도 여행길의 추억이라며 즐기자고 위로한다. 차에 동행하는 사람은 한국인이 40여 명, 일본인 10여 명, 나머지는 중국인이다. 그중 한국인의 청년들이 어학연수 중에 로키산으로 가는 관광 연수생이 많았다. 한국의 청년 실업 현실이 타국의 어학연수 붐으로 이어짐이 씁쓸하다. 이곳은 우리나라 모양으로 보험사만 부르면 바로 오는 곳이 아니어서 자체 수리를 하지 않으면 안 된다. 한 시간 정도를 기다려서 수리를 마치고 탑승, 또 달리기 시작, 캠룹스에서 중국음식으로 중식을 때우고 저녁 무렵이 되어서 로키의 관문인 벨 마운트에 도착했다.

○ 제6일(8월 15일)

벨 마운트에서 7시 출발, 캐나디안 로키는 캐나다와 미국서부를 남북으로 관통하는 산맥으로 8개 국립 주립공원과 유네스코 문화유산이 상당히 많이 지정된 순수한 자연의 보고다. 야생동물도 많아서 주의를 요한다. 전봇대가 나무로 되어있어 우리를 더 감동케 한다. 문명을 비웃듯 다소곳이 도로 옆 나무 전봇대가 우리를 맞는다. 처음 찾은 산이 롭슨 마운틴으로 3,954m, 로키산맥의 높은 봉우리 중 하나다. 1913년에야 겨우 정상을 밟은 높은 봉우리는 자태를 거부한 채 서 있다. 오히려 오늘 90%이상을 볼 수 있다는 것이 행운이라며 가이드는 강조해서 말한다. 추위 때문에 모두 차에 올라 오래 지체할 수가 없다. 옥색의 호수와 은색의 산만 보면서 차는 달린다. 계곡을 빠지면 산, 또 산이다. 고봉준령의 고봉이 84,000여 봉우리나 된다고 한다. 야생동물의 서식처인 야스퍼스를 지나 애서배스카 폭포로 향했다. 물은 흐리다. 석회가 많아서 회색의 물결이 폭포를 이룬다. 아이스필드 파크웨이를 따라 입을 다물지 못하고 시야의 장관에 잠도 안 왔다. 로키산맥으로 들면서 밴쿠버 시간과의 차로 1시간 차가 나니까 현지시간으로 시계를 맞추었다. 캐나디안 로키의 백미로 일컬어지는 밴프와 재스퍼 사이의 300km 도로에 트랜스 캐나다하이웨이, 정선에서 재스퍼 사이를 아이스필드 파크웨이라 칭한다. 3,000m급 고봉과 대빙원이 신비를 더하는 절경이다. 3,000m의 고봉으로 둘러싸인 보우 호수, 하얀 만년설과 바닥이 드러나는 명경알 같은 호수는 맑고 짙푸르다. 사이러스 산의 암벽 사이로 물줄기가 흐르는 것이 눈물 같다는 눈물의 벽이 경이롭다. 눈물의 벽에서 20km쯤 달리니 오늘의 하이라이트 컬럼비아 대빙원에 도착했다.

빙원의 입구 전망대인 아이스필드 센트에서 점심을 먹고 해발 3750m 컬럼비아 산에서 흘러 이룬, 북반구 북극 다음가는 크기의 애서배스카 빙하의 끝자락 빙원을 향했다. 셔틀버스를 타고 빙하의 중턱까지 올라 스노우 코치(설상차)를 갈아 타고 거북이걸음으로 15분 정도 오르니 널찍한 얼음 평원에 내린다. 이 빙원이 북미 대륙의 실질적 분수령이라 한다. 여기서 녹아내린 물이 동으로 대서양, 서로는 태평양, 북으로는 북극해로 흘러드는 강의 원류격이라고 한다. 대 빙원의 일부 끝자락인 애서배스카 빙원에 서서 태고의 신비를 맛본다. 수억 년의 얼음이 지금은 한 꺼풀씩 벗겨지면서 흐르는 물이 얼음 위에 옥색의 도랑을 이루며 녹아내리고 있다. 빙하의 끝자락도 해마다 몇 미터씩 줄어든다고 염려를 한다. 500년 수명을 예언하는 빙하를 우리 자손이 볼 수 없다는 안타까운 마음을 지울 수가 없어 나그네는 마음이 수수롭다.

여름임에도 차에서 내리니 추위가 대단하다. 겨울 점퍼를 입고 20여 분을 못 참아 차 안으로 들었다. 이 빙원은 전체 면적이 325㎢, 깊이 300m로 1965년 영화 <닥터 지바고>의 시베리아 배경도 실은 바로 이곳이었다고 한다. 괴물 같은 설상차는 바퀴 하나가 어른의 키보다 더 크다. 겨울에 오는 눈보다 여름의 녹는 얼음이 더 많아서 이 빙원도 생명을 재촉하고 있다고 한다. 녹아 없어지는 모습이 내 눈에서 벌어지고 있다, 아쉬움을 뒤로하고 해발 2,000m 위의 도시 밴프를 지나 캘거리에 도착하니 밤이다. 캘거리는 눈이 많고 추위가 심한 지방이다. 동계 올림픽이 열린 곳이어서 귀에 익은 이름이다. 밤이 늦으나 발길을 멈출 수가 없다. 우리나라 국기가 게양된 것을 보고는 반갑고 감격스러웠다. 조국을 떠난 지 며칠 되지도 않지만 이국에서 보는 국기는 느낌이 달랐다. 외국에 나가면 저절로 애국자가 된다고 하더니 새삼 그 말의 의미를 되새기게 하는 시간이다.

○ 제7일(8월 16일)

로키 기행의 마지막 날이다. 아침 일찍 기상하여 처제와 처남 식구들과 처형과 조카들이 함께 모여 한자리에서 예배하고 찬송했다. 매일 출발 전에 기도하고 찬양한 후에 하루를 시작하는 것이 여행 중에도 틀림없이 이어졌다. 모두들 아무 탈 없이 여행을 즐겁게 했다. 오늘은 밴쿠버 귀갓길이다. 다시 돌아오는 길에 뺄 수 없는 호수, 폭이 300m 길이 2,400m의 호수다. 빙하의 침식으로 깎여 나간 틈에 물이 고여 형성된 빙하호수로 퇴적된 빙하의 찌꺼기 때문에 더 맑은 쪽빛을 띠는 물이다. 빅토리아 산 중턱에 걸린 빙하는 호반과 어울려 일찍이 캐나다 10경 중 하나로 일컬어지고 있다. 호수를 산책하면서 옥색 물과 백설의 빙산이 어울린 선경에 정신은 완연한 신선의 경지다.

○ 제8일(8월 17일)

오늘은 밴쿠버 시내 관광이다. 밴쿠버는 세계에서 가장 살기 좋은 도시라고 하는데 이채로운 것이 한두 가지가 아니었다. 첫째, 차가 그렇게 많지 않다는 것이 놀라웠다. 거기다 교통질서가 우리와는 달랐다. 건널목을 지날 때는 일단 정지 후에 다시 출발하는 것이 상식이 되어 있었다. 그렇게 질서가 지켜지니 어지간한 곳에는 신호등이 없었다. 신호등이 없어도 주택가의 사거리나 건널목에는 차를 세워 확인 후 서행하니 신호등이 필요 없다. 공원을 찾아 공원에 설치된 에스컬레이터를 타고 밴쿠버가 조망되는 전망대에 올랐다. 그리 높은 공원은 아니지만 곰까지 서식한다고 하니 도시 속의 밀림이다. 오는 길은 우리가 직접 찾아가겠다고 봉고를 보내고 배를 타고 다시 도시 열차를 묻고 물어 타고 찾아오는 길이 꽤나 힘들었다.

저녁은 현지 중국집에서 중국 음식으로 포식을 했다.

○ 제9일(8월 18일)

오늘은 현지 가정집에 초청을 받아서 점심을 먹기로 약속된 날이다. 중산층 이상의 가정집인데 보통의 캐나다 주택에다 집 뒤로는 수영장을 만들고 나무를 잘 가꾸어 열매가 많이 열려 있는 것이 멋스러웠다. 50대의 엔지니어인 가장은 자식들이 다 나가 살고 주택은 오히려 넓어 보였다. 말이 잘 통하지 않아 겨우 아쉬운 대로 의사소통을 했지만 역시 말이란 것이 얼마나 중요한 것인지를 새삼 깨닫는 순간이었다. 그래도 사업하는 처남과 외국에 산 조카 덕분에 겨우 체면만 유지할 뿐이다. 부인이 직접 마련한 점심은 검소하고 깔끔했다. 부엌에다 뷔페같이 차려 놓고는 일일이 불편하지 않게 배려를 하는 데 우리의 손님 접대와 다른 일면을 보면서 근검과 정돈된 살림살이가 피부로 느껴진다.

저녁 무렵에는 시가지를 거닐면서 밴쿠버의 마지막 밤을 지냈다.

○ 제10일(8월 19일)

아침 기도를 함께 하고 민박집 주변을 돌면서 떠난다는 마음에 열흘이지만 정이 든 주위를 둘러보는 시간을 가졌다. 주인집 젊은 아주머니도 우리와 이별을 무척 아쉬워하면서 아침을 마련해 주었다. 남편이 고향을 떠나와 선교사역을 하면서 사명감으로 사는 심지 굳은 사람들이다. 주택가인데도 주변이 완연 공원 같은 기분이다. 토끼가 사람을 만나도 달아나지 않는다. 더구나 집 둘레에 복분자라는 산딸기가 무성하여 손에 물이 들고 입술이 검도록 실컷 열매를 따먹으면서 즐거워했다. 작은 처형은 복분자 이야기로 웃음을 그치지 않게 해서 모두들 배꼽을 쥐고 아픈 다리도 잊은 듯 즐거워했고 큰 처형도 떠날 때 아픈 몸을 이끌고 떠난 여행 중에 갈수록 더 좋아지는 건강을 실감하면서 여행이나 하면서 살아야 될 가족이라고 우스갯소리를 했다. 언젠가 여행을 다시 같이 하자고 무언의 약속을 하기도 했다. (2004)

# 편지

한 해가 다 가도록 육필 서신 한 장 오가질 않는다. 세모가 지나고 신년이 와도 편지 한 통 오가는 사람이 드물다. 배달부 아저씨가 우편물을 들고 올 적마다 내 편지는 없느냐고 기웃거리지만 이건 순전히 자업자득이다. 내가 안 쓰는 육필 편지를 누가 써 부치랴. 나는 쓰지 않고 편지 오기만을 기다리는 꼴은 욕심에 지나지 않는 허망한 짓임을 잘 알면서도 왠지 편지 한 통이 올 것 같아 기다리는 마음은 여전하다. 어디서 편지가 오리라는 기다림은 염치없는 짓이지만 마음으로 기다려지는 것은 몸에 밴 버릇처럼 버리지 못한다.

그 옛날이 그리워진다. 부치지 않을 연서를 밤새워 쓴 편지. 연정의 편지를 열 장이고 스무 장이고 채워 쓰던 그 열렬했던 사랑의 고백들. 그 많던 사연이 지금은 펜을 들어도 그저 반장 채우기도 어렵다. 세월이 흘러서 나의 정서도 무디어져서 나 역시 이젠 편지가 멀어져 가고 있다는 느낌을 버릴 수 없다. 세상이 육필 편지 시대가 갔듯이 자연스럽게 나 자신도 육필 편지가 멀어져 버렸다. 청산유수처럼 써 내려가던 육필 편지는 이제 보기가 어려워졌다.

시골 우리 작은 동네에 할머니와 어머니들은 군에 혹은 타관에 간 손자와 아들한테서 편지가 오면 꼭 나에게 들고 왔다. 내용이 대부분 오래 만나지 못해 간절하고 애타는 마음을 적어서 편지를 읽을 때는 애절하고 청승스럽게 읽어야 맛이 난다. 나에게 읽어 달라고 오는 이유이기도 하다. 들으면서 눈물을 쏟아야 시원해하는 어른들이다. 대부분 절절한 사연이라 감정이 들어가야 편지 맛이 났다. 읽다가 슬쩍 곁눈질해 보면 어느새 손등으로 눈물을 찍어 내고 있는 노인네들이다. 다 읽으면 또 써 달라고 했다. 더듬거리는 몇 마디를 나는 수사와 없는 말까지 동원하여 써야만 좋아했다. 이렇게 몇 번이든 읽어 가며 써야만 만족스러워했다.

때로는 연서까지 부탁해오는 형과 누나들이 있어 난감했다. 학생이 연서를 쓰기가 참으로 난감했다. 부르게 하고 써 보지만 차라리 내 혼자 쓰는 게 좋았다. 대략 이야기만 듣고 쓰는 게 차라리 좋았다. 편지 대필로 맛있는 과자는 많이 얻어먹었지만 상대방을 보는 나는 부끄럽기만 했다. 대개 한 동네 청춘 남녀든지 아니면 기껏 이웃에 사는 형들이고 누나들이니까 얼굴을 알고 대필하는 꼴이라니 우스운 일이었다. 그래도 잘 맺어서 지금까지 알콩달콩 사는 것을 볼 때 보람을 느끼고 끙끙거리며 쓴 편지의 효과도 있다는 생각이 든다.

직접 쓴 편지는 내 마음을 전하는 가장 좋은 수단이다. 특히 연애편지는 어느 매체보다 육필편지가 가장 효과적이다. 자기 마음을 간절히 적어 표현할 수 있다는 게 큰 장점이다. 그 옛날에 호롱불 아래 밤새워 쓴 월남에서 온 편지며 군에 간 연인의 편지는 지금의 60대 부부들의 소중한 가보로 남아 있을지도 모른다.

요즘 시대는 편지보다는 전화로 일을 다 끝낸다. 생각 나면 금방 몇 초 안에 연락이 가능하니 모든 안부는 전화 한 통화면 만사 해결이다. 찰나적이고 즉흥적이다. 깊은 생각이 없다. 그저 말로 문자 메시지로 다 해치운다. 따스한 인정도 없고 애틋한 정의 깊이가 없다. 또 옛날처럼 애써 편지 쓸 일이 없다. 부모 곁을 떠난 자식들이 부모의 지극한 사랑도 자식들의 간절한 그리움도 모른다. 전화 한 통화면 만사가 형통이다. 애틋하고 살뜰한 그리움이나 은근한 맛이 없다. 그래서 가족 간에도 더 이타적이고 이해타산을 많이 하는가 보다.

텔레비전에 나오는 데이트 장면을 보면서 요즘 세태를 읽어보는 기회가 있었다. 청춘 남녀의 미팅으로 제비를 뽑아 자기 짝을 찾아 마음에 들면 계속 남고 마음에 들지 않으면 발길을 돌려야 하는 오락 프로그램이었다. 처음 만나는 사람끼리 당장 번호가 맞으면 그 순간 당장 그 자리에서 싫다 좋다는 말을 하고 짝이 결정되는 게임이다. 아무리 처음 만나는 초면 사이라도 사람의 체면이 있지 그 자리서 그냥 싫다고 말해버리는 그 용감성과 과단성은 어디서 오는 걸까? 즉흥적이고 직감적인 사람 고르기가 마치 냉혹과 몰인정으로 잘라 버리는 냉혈동물 같아서 소름 끼치게 한다. 자기의 기분 자기 느낌을 즉석에서 표출하는 그 매서운 솔직성과 몰인정 그리고 과단성에 현대인의 행태가 그대로 나타난다. 눈에 보이는 것만이 다가 아닌 것이 인간이다. 역지사지하는 마음을 갖게 하는 한 방법이 여기에 있지 않을까.

# 피란

6월, 날이 샐 무렵의 어느 날, 보릿짚으로 짚가리를 세운 담, 보리타작이 막 끝날 즈음이었다. 아침 일어나자마자 온 동리는 흔들리고 부산했다. 총알 소리와 대포 소리가 동네 위로 날아 귀를 어지럽히고 있었다. 씨웅―씨웅 하는 기관총 소리, 포탄 소리에 보리짚동 그늘에 숨어 보지만 소용이 없었다.

아무래도 피란을 가야 할 판이다. 이웃집에서는 아버지들이 앞장서 달구지를 가지고 소구루마[달구지]로 온갖 집기를 싣고 떠나는데 우리 집은 말이 아니었다. 어린 눈으로 봐도 어설픈 피란길이었다. 원래 남부여대男負女戴하는 것이 피란길이다. 여남은 살 된 형이 쌀 한 말을 지고 누나도 걸빵을 해서 쌀을 지고 나도 한 되쯤의 쌀을 지고 어머니와 할머니는 이고 피란을 떠났다. 그러나 나는 장성백이도 못 가서 주저앉고 말았다. 혼자 걷기도 어려운 십리 길을 지고 갔으니 발병이 난 것이다. 어머니의 난감함을 헤아려 준 이웃사촌들이 나를 소달구지에 태워 주어서 겨우 피란길에 동행할 수 있었다. 이런 와중에도 철없는 마음에는 어디를 간다는 설레는 마음은 어쩔 수가 없었던지 들떠 있었다.

피란처는 넓은 모래 벌 어모 강변이었다. 유랑민처럼 인산인해人山人海였다. 이런 와중에도 인심을 베푸는 이가 있어서 우리 식구들은 이웃 구루마 밑에 곁살이를 했다. 여름을 재촉하는 비가 문제였다. 비를 피할 길이 막막하기만 했다. 가장이 있는 집은 그래도 지내기가 수월했다. 어른들은 김천 시내에 나가 곡식도 구해오고 솥도 떼어오고 집기도 구해왔지만 막막한 건 가장이 없는 집이었다. 남들이 주변 밭에서 참외 서리한 것을 몇 개 얻어먹는 게 고작이었다. 아버지 없는 설움을 이때부터 알았다. 배고픔을 이기지 못할 때는 누나와 나는 냇가로 들어오는 개울가로 가서 조개를 주워와 구워 먹는 것이 고작이었다. 피란살이는 꽤나 오래 계속되었다. 여름비가 장마로 변하면서 나는 감기로 앓기 시작하였다. 피란지에서 밤에 보는 고향 땅은 B-29가 연속 폭격을 하는 장면만 보였다. 호주기라는 비행기도 있었다. 고향은 화염으로만 짐작되었다. 밤마다 내리꽂는 비행기의 묘기만 멍하니 바라볼 뿐이었다. 소달구지가 있는 집에는 소달구지가 중심이 되어 잠자리를 마련하였다. 이미 도착한 인민군들이 따발총을 차고 분주히 오갔다. 지금 생각하면 적군에 대한 적의도 없고, 단지 모세의 애굽 탈출 장면 같이 우글거리던 모습이 우리의 모습이었던 것 같다.

며칠이 지나면서 우리 식구가 왠지 내 눈에는 답답하게만 보였다. 고향으로 갈 엄두도 못 내고 멀리서 고향 쪽의 비행기 폭격만 구경해야 했다. 붉은 불기둥에 비치는 비행기의 곡예만 보일 뿐이다. 양식을 아끼느라 늘 배가 차지를 않았다. 전쟁의 와중에도 어떤 집의 아버지는 임자 없는 참외밭에 서리를 해오고 닭을 잡아 오고 부잣집의 가마솥을 떼어 오기도 했는데 아버지가 없는 우리 집은 늘 쓸쓸하고 배고팠다. 낮이면 누나와 내가 나가서 조개를 주워와 구워먹는 것이 고작이었다. 뽀얀 조갯살을 빼어 먹여 주던 모습이 마지막 뇌리에 남은 누나의 모두다.

7월 장마는 꾸어서라도 한다는데 이 해도 장마는 시작되었다. 남의 소달구지 밑에 모여 앉아 비를 피해 보지만 장맛비는 시도 때도 없이 내렸다. 나는 마침내 감기에 걸렸고 며칠을 감기로 앓고 누워 끙끙거렸다. 할머니와 어머니는 더는 피란이 오히려 덕이 되지 않음을 느꼈던지 피란 보따리를 다시 싸고 귀향길에 올랐다. 칠흑의 밤중에 어머니는 아픈 나를 업고는 고향으로 향했다. 넘어진 전신주에 넘어지고 시체에 엎어지면서 무서움도 무릅쓰고 고향으로 돌아왔다. 동네에 맨 처음 들어선 어머니는 섬찟하고 무서워서 망설이고 관망하다가 용기를 내어 들어선 일을 훗날에도 무척 자랑으로 이야기하셨다.

아버지는 피란을 다녀와도 감감무소식이다. 할머니는 골목에 서서 목을 빼고 기다리기가 일이었다. 낮에는 패구나무 아래서 사방을 두리번거리며 기다렸고, 밤이면 작은 바람 소리에도 문을 열고 귀를 항상 열고 계시었다. 더구나 밤마다 공습이 온다고 불을 끄고 뒤안에 파 놓은 토굴에서 밤을 새기 일쑤였다. 잠을 자다가도 비몽사몽간에 달걀 좀 보자며 나의 사타구니를 만지셨다. 나는 늘 일어나기 무섭게 종이를 달라고 보채었다. 때기 치기를 하기 위해서다. 어머니께서 웃으시며 난처해하던 모습이 선연하다. 며칠 사이에 이웃들도 거의 돌아왔다. 평온을 되찾은 것 같지만 때만 되면 인민군들이 떼 지어와서 밥을 해결하고 가기도 하였다. 인민군이 뜸해지고 조용하던 마을에 이번에는 피란민들이 들이 닥쳤다. 서울에서 온 피란민들로 해서 늘 동네가 타향에 온 듯했다. 그때까지도 아버지는 산중 토막에 사셔서 텁석부리 수염이 할아버지로 만들어 놓으셨다. 아버지는 면에서 꽤나 알려진 분이어서 공산군이 물러갔다 싶어도 내려오시질 않았다. 어머니는 하루 한 번씩 산골 토막을 드나들었다.

그러나 일이 벌어졌다. 아버지가 잡혀갔다는 소문이 우리 집에 날아들었다. 아버지는 붙잡히는 몸이 되었다. 공산당에 쫓기고 이번에는 평소 동네에 와서 행패 부리던 이웃 동네의 청년이 난리 통에 공산당에 협조했다는 무고로 다시 잡혀 알 수 없는 죄목으로 갔다. 그러나 모두가 총살당하는 판에 천우신조로 살아오신 것이다. 양천에 사는 이가 아버지를 알아보고 빼돌려서 겨우 목숨을 건져 오신 것이다. 이렇게 살아오신 뒤로 아버지는 시름시름 앓는 일이 많아졌다. 피란민 중에 의사가 한 분 있어서 진찰을 하고는 늑막염이라는 판정이 나왔다. 그러나 그 시대는 현대의학보다는 약국과 배를 주무르는 사람을 더 신봉하던 때라 늘 약국으로 혹은 배 주무르는 노인을 찾아 갔다. 병환 중에도 흰 두루마기를 입으시고 자전거를 나와 같이 타고 동행하기를 좋아하셨다. 아픈 중에도 나와 같이 가는 것을 좋아하셨다.

가뭄으로 나락을 심지 못해 대체 곡식으로 서숙을 많이 심었던 터라 서숙을 추수하느라 논에 서숙이 널려 있던 가을날, 아버지는 세상을 떠셨다. 몇 년이 되지 않아 누나도 그렇게 따라가고, 그렇게도 다시 오겠다던 피란민도 가고는 감감무소식이고 아버지의 흰 두루마기만 늘 선연하다.

# 불태운 일기장

1975년 음력 8월 보름 저녁(추석)

벼락이다. 오늘은 하루가 여삼추다. 아내가 내 일기를 봤다. 새댁인 아내가 처음 맞는 추석이다. 큰집 옆에 있는 학교에 출근했다가 바로 큰집으로 가서 음식 장만하느라 먼저 가기로 했다.

내가 문을 들어서는 순간 아내의 싸늘한 인상이 먼저 눈에 들어 왔다. 이제 신혼인 우리가 웬 날벼락 같은 액운을 만나다니. 철저하지 못한 성격이 그대로 실수하고 만 날이었다. 내가 초등학교 때부터 써 온 일기장이 아내의 손에 들어가 있었다. 참 난처한 일이다. '이건 아닌데 이건 비밀인데.' 이게 온통 아내의 머릿속에 입력되어 있으니 변명할 방법이 속수무책이다.

어쩌자고 책장에 자랑스럽게 꽂아 두고 이제야 후회막급이다. 유구무언, 유구무언.

이미 40여 성상이 더 지난 신혼 초 나의 일기장에 쓰인 글이다. 일기장은 내 어린 시절부터 결혼 전까지 일들이 소상하게 잘 기록된 나의 보물이었다. 아내의 충격은 컸다. 나의 몰랐던 일들이 모조리 적나라하게 밝혀졌으니 그럴 만도 하다. 즐거움보다는 괴로움과 외로움이 더 많았고 번민과 고통이 많았던 일들이라 제삼자가 보기에는 그냥 보아 넘기기에 충격적이다.

나는 남달리 일기를 일찍부터 써왔다. 생각이 많은 어린 시절부터 하루를 정리하지 않으면 잠이 오지 않았다. 하루의 희로애락을 일기 속에 다 쏟아 놓고야 잠을 이룰 수 있었다. 이 버릇으로 온갖 이야기가 일기장에는 살아 숨 쉬고 있었다. 더구나 육체적 정신적 고통이 심했던 관계로 더 인생을 빨리 고뇌했다. 괴로운 심연의 터널을 절규로 털어 놓은 일기장이었다.

내가 사춘기를 겪고 사랑을 안 후에도 별 내색 없이 살 수 있었던 것은 바로 나의 일기장 덕이라 굳게 믿는다. 내 일기장은 나의 역사요 나의 비밀 창고이기도 했다. 내가 고백할 수 있는 대상이요 내가 되돌아 반성할 수 있는 선생이기도 했다. 내 삶의 동반자 구실을 충실히 했고 친구며 애인 역할을 다

했다. 백지에다 하루를 다 채우면 잠이 들곤 했다.

그래서 자기 전에는 항상 그날의 이야기를 은밀히 속삭였고 고백했다. 그러지 않고는 도저히 잠이 오지 않았다. 다 털어 놓고 조용히 잠이 들곤 했다. 때로는 애틋한 일들 때로는 잊기 싫은 이야기, 만남과 헤어짐, 온갖 푸념까지도 받아주는 유일한 나의 벗이었다. 내용 중에 큰 맥은 고독이라는 병이었다. 내성적인 데다 사춘기의 그리움 거기다 외부와 담을 쌓고 스스로 문을 잠그고 고독을 아파했다. 고뇌의 강물은 도도하기만 했다. 이런 마당에 강물에 함께 뛰어든 소녀가 있었다. 거센 파고에 헤엄도 치지 못하는 나와 똑같은 소녀와의 사랑은 망망대해로 흘러만 갔다. 끝을 모르는 소녀와의 비련은 하나하나 쌓여서 산이 되고 강이 되어 흘렀다. 분홍빛 사랑이 하나하나 너무도 아쉬워서 일기장에 엮어 두었다. 이로써 나의 사춘기와 청춘기를 넘을 수 있었고 한스러운 아픔도 견뎌 내었다.

그러나 아내는 못 볼 것을 본 것이다. 보지 말아야 할 것을 본 것이다. 그 아픔은 이를 악물어도 참기 어려운 고역이었다. 속고 결혼했다는 마음을 아내는 씻을 수 없다고 했다. 나는 두말없이 일기를 모조리 부엌 아궁이에 넣고 불태워 버렸다. 그렇지 않고는 아내의 노도 같은 마음을 달랠 길이 없었다. 일기에 미련을 둘 상황이 아니었다. 아내를 위하고 위로하는 최상의 방법이었다. 온갖 옛것을 묻어 버리는 순간이요 새 길을 가는 출발이기도 했다. 아내를 위해 모든 추억을 그렇게 날려 보내야 했다.

결혼 이후 나는 일기를 매일 쓰지는 않는다. 아내를 얻어 새 출발을 한 셈이다. 차츰 아쉬움도 아물고 새 세계를 시작했다. 이때부터 생활에 삶에 매달려 꿈을 꿀 시간이 없었다. 정서는 싹트지 않는 밭이 되고 그리움이니 사랑이니 하는 것은 강 건너 불일 뿐이었다.

이제 일흔을 바라보는 나이에 아직도 일기를 자주 쓰지는 못하는 자신이 부끄럽다. 사랑하는 연인을 잊은 듯 자꾸만 과거로만 돌아가는 자신을 발견한다. 마음 한구석 텅 빈 사내가 되어 내 역사를 하나하나 잊혀 가는 시간 속에서 죽음으로 끌려가는 포로가 되어 간다. 돌이켜 보면 일기장에 의지하고 마음을 달래고 희망을 싹틔우고 사랑을 키웠던 그때가 지금에 다시 그립다. 나의 청소년기가 순조로웠다면 오히려 일기도 없었을지도 모른다. 눈물겨운 시간 속에서 세상은 도도히 흐르는데 붙잡을 밧줄도 매어 달릴 바위도 없어 오직 일기장에만 매달려온 내 청춘이었다. 어린 마음에도 아무도 손잡아 주는 이 없는 그때에 나의 피눈물의 절규가 있어 소녀도 알았고 사랑도 알았다.

그러나 일기를 잃은 마음은 나이 들수록 아쉬움을 느낀다.

일기는 자기만의 세계라는 점에서 하나의 예술이며 자기만의 역사서이다. 사고로 인해 태워 버리는 불상사였고 가슴 아픈 사건이다. 누가 뭐라 해도 일기는 외로운 성장기의 내 반려자였다. 성장기에 교육은 물론이거니와 자아반성과 성찰의 좋은 기회라 여겨진다. 지금은 사라진 일기장이지만 두고두고 마음속에 남아서 나를 후회하게 한다. 아마도 지금까지 잘 간직되었다면 내 생애 가장 좋은 보배가 되고 나의 좋은 자서전이 되었을 것임이 틀림없다.

# 생활과 천국

이야기에 이런 말이 있다. 늘 천당을 소망해 마지않던 사람이 죽어서 천국으로 갔다. 천당이라는 곳이 어찌된 일인지 말만 떨어지면 밥이 나오고 자고 싶으면 자고 눕고 싶으면 누워 자고 무엇 하나 모자람이 없었다. 말 그대로 천국이었다. 손가락 하나 까딱하지 않아도 좋은 세상이었다. 매일이 이와 같은 생활의 연속이니 차츰 시간이 흐를수록 지겨워 죽을 지경이었다. 무엇인가 일을 하고 싶지만 할 일이 없었다. 모든 것이 완벽하고 충족된 세상이었다. 그는 하인을 불러 천당이 이렇게 지겨우니 차라리 지옥으로 가는 게 낫겠다고 한탄을 하였다. 하인이 빙그레 웃으며 하는 말이 "여기가 바로 지옥입니다."라고 하더라는 것이다.

인생길을 가면서 과연 어느 곳이 천당 같고 어느 곳이 지옥 같은 곳일까. 하는 일 없이 놀고먹으며 모자람이 없이 충족된 세상이 천국일까. 아니면 할 일이 많고 바쁘게 일하며 일거리가 많은 곳이 지옥일까. 어떤 것이 진실한 삶이며 어떻게 사는 것이 보람된 삶일까.

세상에서는 독방을 차지하는 자가 부자요 권력자요 유명인이라 해도 부러울 것은 없다. 독방은 자기 수양을 하거나 병 치료를 한다거나 자기가 잠시 원한다면 모르되 시간이 길어지면 머물 곳이 못 된다. 독방의 주인공은 혼자서 말 못할 사연을 안고 고민하거나 외부로부터 보호를 받으면서 지내는 불쌍한 존재일 수도 있겠기에 하는 말이다.

교도소는 인간의 자유가 구속되는 곳이다. 그 중에도 독방이 따로 있는데 일없이 혼자 시간을 보낼 수 있는 곳이다. 그러나 이곳이 천국이라고 하는 이는 없을 것이다. 교도소의 독방은 중죄인의 방이다. 사형을 앞둔 사람 혹은 중범에 해당하는 사람들이 한평생을 혹은 긴 세월을 벽만 보고 살아야 할지도 모른다. 아무 하는 일 없이 혼자 독방을 지키다 가거나 아니면 오랫동안 산다고 해도 보통 일이 아니다. 잠시 머무는 호텔이나 병원의 입원실, 혹은 여관방은 모르되 오래 머무는 방이라면 거할 곳이 못 되기는 마찬가지일 것이다. 세상에서는 흔히 독방을 선호하고 호화로운 혼자만의 방을 좋아할지 모르나 순간 만족일 뿐이지 일상생활에서 긴 독방생활은 도 닦는 이나 기도하여 종교적 성취를 위한 사람이 아니라면 외로움이요 자기와의 싸움이요 고뇌의 방이 된다. 결국 독방 나름이다.

내 주위를 보면 톱니처럼 맞물리게 시간을 보내야만 지겹지 않고 살맛이 난다는 이도 있다. 또 매일 직장에 나와야만 시간 가는 줄 모르고 좋다는 이도 있다. 물론 열심히 사는 가운데 인생의 목표를 정해놓고 정진하는 사람이라면 자신에게 주어지는 여유라도 좀 더 정진하는 데 이용하고 싶을 것이다. 그러나 번잡한 생활 중에도 차 한 잔의 여유를 만끽하는 시간도 겸하는 지혜가 무엇보다도 중요하다. 진정으로 목표가 뚜렷한 사람은 이 순간의 여유를 통하여 더 힘을 충전하고 더 귀중하게 쓸 줄 아는 지혜도 있어야 한다. 이때 사색하고 계획하는 가운데 권태란 한갓 사치에 지나지 않을 것이다. 같이 즐겁고 같이 만족하는 생활이야말로 천국 같은 생활이 아니겠는가.

내 어릴 적 고향의 동산 장수나무 밑에 금잔디 묘지는 어릴 적 마음의 안식처였다. 공부를 하다가도 항상 잔디 위에 앉으면 시간 가는 줄도 모르게 사색에 젖었다. 어린 나이에 무슨 생각이 그리도 많았는지 시간은 절로 갔다. 이 사색의 습관이 지금의 나를 만들었다. 그 뒤론 혼자 앉으면 깊은 묵상에 잠기고 그리고 책을 읽고 글을 쓴다. 이런 시간이 나에게는 나를 일깨우고 나를 성찰하는 마음의 천국이다. 뭔가에 몰두하다 보면 권태는 없다. 그리고 아무 일 없이 시간을 낭비한다 싶으면 왠지 짜증스럽고 조급증이 난다. 하여튼 이 작은 나의 작업이 나를 살아있게 하고 나의 삶을 살찌게 하고 있다.

나는 이 작업의 순간이 가장 보람되고 삶에 가장 사색하는 순간임을 알고 있다. 작은 노력이 삶을 만드는 소금 역할을 한다는 것도 알고 있다. 그리고 현실을 정성스럽게 열심히 가치 있게 꾸며갈 때 세상에 만족하는 삶이 될 것이고 노력이 마음의 부자가 되게도 한다. 이런 가운데 생의 천국도 이루어지리라 믿는다. 이로 볼진대 삶의 천국이란 선남선녀들이 자기 일을 열심히 하면서 자기실현을 할 때에 이루어진다. 현실에 자족하면서 자기를 고양하고, 여가를 구가하면서 서로가 나누고 봉사하는 자세로 산다면 바로 천국 세상이 아니겠는가.

그런데 현실은 남을 속여가면서 자기만 이롭게 하려는 세태가 점점 기승을 부리고 있다. 투기를 해서 나만 배부르면 그만인 자본주의의 이기주의 근성이 적나라하게 나타나고 있다. 나누고 돕고 서로 희생 봉사하는 사람다움을 회복할 때 바로 천국이 가까이 오는 것 아니겠는가. 하루아침에 벼락부자들이 많이 속출하는 졸부들의 세상에서 이것도 저것도 없는 서민은 갈수록 소외감만 더하고 맥 빠지는 소리만 듣는 것이 가슴만 아프다. 누구를 위한 나라인지 누구를 위한 개발인지 위정자들과 지도층은 한 번쯤 되새겨 볼 여유를 가지고 세상을 관조하는 정치인 혹은 재벌이면 좋으련만 세상살이에서 왠지 마음이 어둡다. 현실이 너무 고달파서 지옥인 사람도 있다. 너무 할 일이 없어 지옥 같은 사람도 있다. 재미나는 현실에 가치 있는 일을 해서 만족을 얻을 때 천국은 바로 나의 것이라 믿는다.

# 공작의 춤

흔히들 세상은 고해다, 혹은 각박하다고 하지만 이것은 다 주관적이고 자기 나름의 생각일 따름이다. 사람은 저마다 사는 방법이 다양하고 또 인생관이 각기 다르기 때문에 세상에 대한 느낌도 다르게 마련이다.

동물원에 가면 으레 만나는 공작새는 날갯짓으로 사람을 현혹하고 춤으로 발걸음을 멈추게 한다. 사람들은 공작의 춤에 도취하고 신기해한다. 화려한 날갯짓은 자기 과시이며 화려함의 극치다. 공작의 아름다운 자태는 누구나 인정한다. 하지만 이놈은 춤에 취하여 날갯짓이 지나칠 때가 있다.

공작에게도 치부가 있다. 공작에게는 발이 가장 못생긴 부분이다. 공작이 춤을 추거나 다소곳이 날개를 접을 때 보는 이는 우아한 자태에 흠뻑 빠진다. 문제는 자기도취에 젖어 오래 춤을 출 때에 공작은 자기 치부가 드러나지만 적당히 춤을 추거나 얌전하게 다소곳이 앉을 때 사람들은 그 춤과 아름다운 자태에 빠져 치부를 미처 생각하지 않게 된다는 점이다.

사람에게도 발이 치부의 하나로 특히 여자들은 옛날부터 발을 그냥 보이기를 싫어했다. 그럼에도 불구하고 일찍이 성경에서 예수는 제자들을 모아놓고 발을 씻겼다. 예수가 제자들의 발을 씻긴 것은 자신이 겸손하게 솔선수범하므로 제자들로 하여금 낮은 자세로 헌신하며 살라는 산교육으로 섬김을 받으러 온 것이 아니라 사람을 섬기러 왔다는 것을 깨닫게 하는 말 없는 실천이었다. 남의 발을 씻긴다는 것은 자신을 낮추는 행위로서 그만큼 남을 높이는 봉사정신이다. 남의 발을 씻는 모습은 참으로 아름다운 겸손의 광경이었을 것이다.

사람은 자기대로의 치부가 존재한다. 자기 스스로 자신을 과시하려 들면 들수록 그 사람의 치부가 드러나게 마련이다. 타인보다 더 낫다고 고개를 들면 들수록 자기의 치부는 드러나기 십상이다. 치부는 남의 입에 오르내리기 십상이다. 이력이며 과실 혹은 가정의 내력 등 밝히기 싫은 것까지 일일이 미치어 결국은 욕이 되기 마련이다.

공작의 발톱이 공작의 치부라고 해서 공작이 춤을 추지 말라는 것이 아니다. 공작은 아름다운 춤으로 해서 오히려 공원의 구경꾼들을 즐겁게 하므로, 다만 지나치지 않으면 사람들도 서조瑞鳥로 여기는 동물이기도 하다.

세상에 실없는 사람이 어디 한두 사람인가. 실없이 남들이 원치 않는 춤을 추어서 자기의 치부를 드러내는 일이 흔하다. 비근한 예로 권력에 맛들인 이들이 권위의 화신처럼 행세하다가 권위주의에 빠져 결국 권위주의 춤 속에서 헤어나지 못하고 추한 발톱을 드러내고 마는 모습을 우리는 보았다. 사람이란 참으로 교활한 성격도 많아서 완장 하나를 채워주면 교만해지고 권세를 부리려 하고 자기과시를 하려고 든다. 자기 분수에 맞는 춤을 춘다면 좋으련만 지나친 과시를 부리다가 추한 꼴을 보이고 마는 것이 이런 자들의 말로다. 춤은 발과 관계없이 얼마든지 아름다울 수 있다. 그러나 교만이 지나치면 아름다운 춤마저 발마저 추하게 보이기 시작한다. 세상살이에서 제일로 중요한 것은 사는 자세 곧 어떻게 사느냐의 문제다. 그 해답은 공작의 춤에서 타산지석으로 찾아볼 일이다.

겸손이 때로는 아부로 치부될 경우도 있겠으나 겸손은 아부의 차원이 아니라 수준 높은 미덕인 것이다. 자기가 남보다 많이 알고 남보다 더 높은 학식과 교양을 갖추어도 행동을 조신操身하고 상대를 깔보지 않으며 오히려 상대를 우대하는 마음 존중하는 마음을 가져야 한다.

우리 이웃에 사는 W부인은 이제 일흔을 바라보는 나이다.

그는 성장 과정에서부터 예사롭지 않은 가정에서 자랐고 학창 시절에는 무척 교만하고 고고한 척하는 여학생이었다. 대학도 소위 일류대학을 나왔다. 그러던 그가 결혼하고 아기 낳고 종교에 심취하는가 싶더니 나이가 쉰을 넘기면서 가을 날 과목같이 되었다. 과목이 풍성하게 열매를 맺듯 풍성하고 여유로워서 완연히 옛날의 모습과 태도는 사라지고 없다.

그에 대해서 회자膾炙되는 첫인사가 겸손하다는 이야기다. 공손한 자세가 사람들에게 감동을 준다. 또 하나는 말이 적다는 평이다. 항상 남의 말을 듣는 편이어서 남의 이야기를 거의 하지 않는다. 한다는 말은 항상 남의 장점을 이야깃거리로 삼는다. 또 하나는 항상 웃음 띤 얼굴이다. 남의 말 하지 않으니 남한테 욕되는 일이 없고 웃으니 상대가 찡그릴 일이 없고 남을 흉보지 않으니 흉잡힐 일이 없다. 이 부인이 이렇게 되기까지는 많은 수양이 필요했을 것이고 인내와 자정의 마음과 긴 시간적 정신적 순화의 과정을 겪었으리라 짐작이 간다. 이 부인이야말로 곧 공작의 발톱이 드러나지 않게 적당히 중용을 지키면서 공작 춤을 연출한 부인이라 여겨진다.

(2006. 12)

# 구수

구수는 어제 죽었다. 아니 죽었다기보다는 돌아가셨다는 표현이 더 정확한지 모른다. 왜냐면 구수는 나이로 봐서도 이미 쉰아홉이나 되었으니 환갑노인이기 때문이다. 구수는 장가를 늦게 들어 올해 대학에 갓 들어간 딸을 하나 두고 있다. 이 딸로 인해서 그나마 생명연장이 되었으리라고 자기는 물론 주변에서는 믿어 의심치 않는다.

구수는 태어날 때부터 운명적으로 불행을 안은 장애자로 태어났다. 가정은 부유하지만 장손으로는 너무나 모자라는 모습으로 이 세상에 태어나니 어른들은 집안의 업으로 여겼다. 한 팔과 한쪽 다리가 온전하지 못하여 늘 가정에 짐이 되어 자랐다. 초등학교도 가는 둥 마는 둥 하다가 어느덧 나이는 먹어 동생들부터 모두 장가・시집을 다 보내고 마흔이 넘어서야 겨우 결혼을 했다. 아내는 결혼해서 한두 해 동안은 그대로 가정을 유지했다. 아이가 잉태되어 어린애까지 낳았다. 한두 해 잘 붙어사는가 싶더니 바깥을 오가는 일이 잦아지고 이래저래 방황하다가 집을 뛰쳐나가 버렸다. 사랑하는 사람을 잃은 모습은 처량하다 못해 구수는 죽은 목숨 자체였다. 집 나간 아내는 아주 소식을 끊고 어디서 무얼 하는지 모른다. 그러나 딸이 차츰 자라 중학을 졸업하고 고등학생이 되고 대학에 들어갈 무렵이 되어서야 어디서인지 모를 우편물이 답지하기 시작하였다. 집 나간 어미와 딸과의 왕래는 계속되고 있었다. 그러나 남편과는 전혀 왕래가 없다.

딸은 고등학교에 들어가면서 아버지와 대화가 점점 줄어들었다. 대학에 들어가 한 번 떠난 뒤로는 연락마저도 두절되다가 돈이 떨어져 대학 등록금이나 용돈이 필요할 때에만 연락을 하는 것 외에는 전혀 딸이 있는 둥 마는 둥 소식이 소원했다. 그래도 아버지의 마음은 그게 아니었다. 매일 밤낮없이 생각나는 것이 딸의 해맑은 얼굴만 떠오른다. 그래서 무거운 몸을 이끌고 몸을 지축거리면서 언젠가는 웃으며 나타날 딸을 그리며 등록금이나 용돈만큼은 틀림없이 보냈다. 옆에서 무어라 해도 그 정성은 눈물겨웠다. 그러나 부모 마음 아는 애들은 이미 애가 아니듯, 딸년은 도대체 연락이 드물었다.

어제 등록금을 부치고 흐뭇한 마음으로 하루를 지났지만 요즘 와서는 몸도 마음도 지치기만 한다. 마누라는 달아나고 아이는 연락마저도 거의 끊고 이래저래 마음을 달랠 길이 없으니 몸도 더욱 병들어 가고 있었다. 끝이 보이지 않는 삶의 미로에서 자꾸 마음은 더 약해지고 더구나 몸이 성치 못하여 요즘 들어서는 몸도 마음도 아팠다. 그래서 밤이면 전전반측하며 딸을 그리며 죽음 연습도 생각해 보는 구수였다.

그런데 이번에는 등록금을 부친 지 며칠이 지나지 않아 딸에게서 전화가 왔다. 반가움에 들떠 전화를 받았지만 다급한 목소리로 등록금 외에 필요한 용돈이 모자라니 더 보내라는 간곡한 딸의 청이다. 맹랑한 일이었다. 아직 농번기라 농자금이 모자라 등록금 마련에도 손이 부끄러운 판에 또다시 남들에게 돈을 빌리는 것이 마음에 내키지 않는 일이지만 귀여운 딸의 청이니 거절할 수도 없는 형편이었다. 구수는 이 돈을 장만하려고 동분서주하며 다녔다. 경제가 어렵다는 세상이어서 말 붙일 집이 없었다. 그러던 중 이웃집에서 포도 돈을 목돈으로 마련했다는 소문에 불고염치하고 들어가 사정하여 빌려서 이제는 겨우 안도하는 마음으로 집으로 돌아오는 길이었다. 사 차선의 넓은 길을 밤중에 횡단하는 중에 미처 다 건너지 못한 사이 달려드는 차에 피할 여유도 없이 치명상을 당하고 말았다.

아픈 다리로 남처럼 빨리 건너지 못한 것이 화근이었다. 딸에게 보내야 하는 돈은 결국 보내지도 못하고 길에 깔아 버리고 뺑소니차는 행방을 알 길이 없다. 병원에 며칠 있는 동안에도 돈이 겁이 나서 아픈 몸을 이끌고 퇴원하고 말았다. 그러나 문제는 딸의 돈이었다. 방도를 찾지 못하고 밤마다 앓다가 딸 생각에 울다가 그만 영영 일어나지도 못하는 신세로 드러눕고 말았다. 아버지를 찾지 않는 딸을 위해 온갖 정성을 다했지만 그 정성도 소진했는지 혼자 가 버렸다. 그러나 딸은 아버지의 상에도 코끝도 보이지 않았고 다시 찾지도 않았다. 다시 오지 않을 아내와 딸을 그리다가 혼자 세상에 지치고 삶에 기진맥진하여 가 버렸다.

성치 못하게 태어나 가정에서부터 버림받고, 세상에 소외당하고 고뇌하며 살다가 간 한 장애인의 운명을 그대로 보여준 구수는 그렇게 생을 마감했다. 열심히 살려고 노력했지만 사회가 외면하는 장애자의 고군분투는 처절하고 안타까운 생일 수밖에 없다. 온전하게 살아도 버거운 세상살이를 인정도 받지 못하는 세상에서 산다는 것이 얼마나 괴롭고 슬픈 일인가. 남의 일 같지 않는 사연이 우리를 애달프게 한다.

# 4

# 붉은 사슴섬

# 붉은 사슴섬

교회에서 국내 선교지 방문의 일환으로 고흥군에 위치한 소록도를 찾게 되었다.

소록도小鹿島는 글자 그대로 아기사슴섬이다. 녹동 항에서 바로 물 건너 있는 아기사슴을 닮은 작은 섬인데 몇 년 전만 해도 녹동 항에서 배로 10분 걸리는 곳이었다. 그러나 지금은 소록대교를 놓아 버스가 곧바로 드나들 수가 있다.

버스가 소록도까지 들어가면 넓은 주차장이 마련되어 있어 편리하다. 이 섬이 유명세를 타고 잘 알려진 것은 수려한 풍광 때문만이 아니라 유명한 소록도 국립병원이 있는 곳이요. 알려진 대로 일제에 의해 전국의 한센병 환자들이 강제로 수용되었던 곳이기 때문이다. 더구나 지금도 음성 환자들이 많이 거주하고 외져 있어 한 번은 가보고 싶은 곳이지만 막상 가보지 못하는 섬이기도 하다.

버스에서 내리면 '보리피리휴게소'가 사람들을 맞는다. 중앙공원 쪽으로 표시한 팻말을 따라 해변으로 돌아서니 저쪽으로 소록대교가 아름답고 웅장하다. 직접 주민을 만날 수는 없고 봉사자나 병원에 업무가 없는 우리들은 주변만 둘러보고 오는 수밖에 없다. 주차장에서 해변으로 잘 다듬어진 널빤지 길을 따라 잘 자란 나무들, 정돈된 해변 길을 따라서 들어간다.

병원과 학교 교회 절이 보이는 쪽으로 걸으면 그 옛날 천형병이라며 세상 사람들이 가장 멀리하여 고향도 세속도 떠날 수밖에 없는 사람들이 모여 살던 동네가 보인다. 소외된 자들을 그냥 두지 않고 일제에 의해 강제로 섬으로 수용한 외로움의 바다, 탄식의 땅, 통곡의 바다, 그러나 지금은 역설적으로 더 평화롭고 아름다운 풍광에 사람들로 하여금 오히려 슬픈 회상을 낳게 한다.

'수탄장' 이곳은 그 옛날 한센병 환자들이 미감아 자식들과 만나는 장소로 이용되었다고 했다. 한 달에 한 번 꼴로 병사지대 부모와 직원지대의 미감아인 자식들이 만나는 장소였다. 길 가운데는 철조망을 치고 부모와 자식이 양쪽으로 서고 가운데는 넘을 수 없는, 만질 수도, 손을 잡을 수도 없이 서로 쳐다보기만 하고 돌아서야 했던 만남의 길이었다. 귀여운 자식을 얼마나 안아 보고 싶어 몸부림쳤을까 돌아설 때 비탄의 길이요, 어찌 근심과 수탄의 길이 아니랴.

소록도 병원이 있는 건물에 이르면 주차장이다. 중앙공원 오르는 왼쪽으로 꺾이는 곳에 "염원" 혹은 "소록의 꿈"이라는 벽이 나타난다. 산의 끝을 옹벽으로 쌓고 옹벽에 벽화로 사슴과 한센인과 일반인의 모습을 그려 넣었다. '보통 사람과 함께 하는 세상을 꿈꾸는 한센인들의 꿈과 염원'이 서린 곳이다. 벽화에 그려진 한 마리 붉은 사슴을 보고 섬뜩한 무서움이 전율처럼 느껴졌다. 사슴에다 붉은 칠을 해 놓은 것이 마음에 걸리었다. 붉은 사슴이 아마도 나환자들의 자화상으로 여겨졌기 때문이리라. 일반 사람들과 함께 할 수 없는 붉은 사슴 한 마리는 한센인들의 비탄과 울분의 표상처럼 보였다. 얼마나 세상이 원망스럽고 한탄스러우면 잘 어울리지 못하는 붉은 사슴으로 그렸을까. 붉은 사슴은 여기서 처음 보는 사슴이다. 사슴을 표현함에도 붉은 사슴으로 표현할 수밖에 없는 붉은 슬픔이 배어 있는 사슴이다. 여기서 가슴이 멍멍해 온다. 여기가 일제치하에 강제로 억류된 나환자들의 애환과 인간 대접도 받지 못한 울분이 붉은 사슴으로 표현되었으리라 여겨진다. 옹벽에는 사슴을 중심으로 희미하게나마 주민들의 얼굴들이 새겨져 있었다.

중앙공원 길을 따라가다 보면 오른쪽에 적벽돌로 지어진

집 두 채가 나타난다. 이곳이 감금실과 검시실이다.

일본 강점기에 강제로 수용해서 병자들을 다스리며 감금하고 남자 구실을 못 하게 수술도 한 건물이다. 아이도 못 가지게 막고 더구나 부부가 같이 동거하려면 정관수술을 받아야 허락이 되었으니 25세에 정관수술을 받고 어머니에게 불효자가 된 심정을 애절하게 표현한 청년의 절규가 나도 모르게 가슴을 아리게 했다.

〈단종대〉

그 옛날 나의 사춘기에 꿈꾸던
사랑의 꿈은 깨어지고
여기 나의 25세 젊음을
파멸해 가는 수술대 위에서
내 청춘을 통곡하며 누워 있노라
장래 손자를 보겠다던 어머니의 모습
내 수술대 위에서 가물거린다.
정관을 차단하는 차가운 메스가
내 국부에 닿을 때

모래알처럼 번성하라던
신의 섭리를 역행하는 매스를 보고
지하의 히포크라테스는
오늘도 통곡한다.

검시실은 꼭 형무소를 연상하게 하는데 죽어도 꼭 시체를 해부한 뒤에 화장하는 과정이 있어서 문둥병자는 3번 죽는다는 말을 했다고 한다. 사람이 한센병이라는 천형병에 걸리는 것이 첫 죽음이고 죽으면 시체 해부를 받는 것이 둘째요 화장으로 장례를 하는 것이 세 번째 죽음이라고 한다.

아름답고 잘 다듬어진 공원은 한센인의 피와 땀이 서린 공원이다. 일제의 강제노역으로 참다못한 이는 바다에 자살도 할 정도로 혹사를 하면서 만들어진 중앙공원이라고 기록되어 있다. 거의 다 오른 길에서 창을 든 천사의 동상을 만난다. 구라탑이라고 적혀 있다. 나병을 격퇴한다는 탑이다. 원래 '라파엘'의 '성 미카엘'이라는 조각인데 여기서는 천상군대의 지휘관 미카엘 대천사가 나병균을 박멸한다는 뜻의 구라탑이다. 밑에는 "한센병은 낫는다"라고 적혀 있다. 조금 더 올라 '한하운' 시인의 시를 새겨놓은 곳을 지나며 한참이나 서서 감상에 젖는다.

보리피리
보리피리 불며
봄 언덕
고향 그리워
피-ㄹ닐니리

보리피리 불며

꽃 청산
어릴 때 그리워
피-ㄹ닐니리

보리피리 불며
인환의 거리
인간사 그리워
피-ㄹ 닐니리

보리피리 불며
방랑의 기산하
눈물의 언덕을 지나
피-ㄹ 닐니리

봄이 되면 그리워지는 고향 성할 때 보리피리를 불던 고향 산천 그리고 사람들 저 멀리서 들릴 듯 말듯 피어오르는 안개 같은 그리움을 삼키며 문둥이라는 천형병으로 살아가는 아픔이 들리는 듯하다. 한센병을 시로 승화시킨 한하운은 여기를 거쳐 간 사람은 아닐지라도 그 시대를 같이 울며 문둥병자와 애환을 같이 한 엘리트로 그 쓰라린 여정을 통해 한센병자의 아픔을 대변한 시인으로 여겨진다.

'하나이 창덕비'를 보면서 한편 그 시대에도 인류애를 실천한 일본인이 있다는 사실에 일제를 미워하는 마음이 한결 가벼워진다. 자혜의원 제2대 원장이었던 하나이 젠키치 원장의 창덕비 앞에서 숙연해진다.

소록도의 슈바이처라 해도 지나침이 없을 창덕비의 칭송은 대략 이렇다.

"자혜의원 2대 원장이었던 하나이는 일본군 군의관 출신이요, 일본 군국주의 교육을 받은 일본인이면서 2대 원장으로 취임한 후 한국의 풍습과 전통을 중시하고, 자유취사를 허용하여 의식주를 불편이 없도록 했다. 뿐만 아니라 신앙의 자유를 허용하여 기독교 불교 천주교 등 여러 종교를 허용하고 일본 신사참배를 강요하지 않았다. 문맹을 깨우치기 위해 보통학교를 건립하여 교육에도 힘을 썼다.

소록도 한센인에게는 슈바이처 같은 존재였다. 살아생전에 공덕비를 세우고자 했으나 극구 반대하여 그가 과로로 순직 후에 자혜병원 옆에 주민들이 자진해서 세운 것을 해방 후에 일제 잔재로 청산 폐기 될지도 모른다는 의구심에서 주민들이 땅에 묻어 두었다가 1960년대가 되어서 일제에 대한 감정이 완화되는 때에 와서야 다시 발굴하여 본래 자리인 자혜의원 옆에다 세우게 되었다."

이 창덕비의 유래만 보더라도 얼마나 한센인들에게 추앙을 받았는지 가히 짐작하고도 남음이 있다. 일제의 잔혹에는 치를 떨기도 하지만 일부 양식 있는 위대한 사람도 있음을 보는 송덕비라서 더욱 의미를 더해주는 것 같다.

아름다운 소록도의 경관에 감탄하는 한편 이것을 조성하기 위하여 혹사당한 한센인들의 아픔과 고달픔, 육지를 떠나 고향에 대한 그리움과 부모형제를 그리는 마음이 오롯이 이 섬에 남은 자국이라고 생각하니 애틋함과 연민으로 마음 가눌 길이 없다.

아름다운 경관에 감탄하고 천형병에 대한 엄중한 아픔에 슬퍼하고 일본 치하의 악랄함에 치를 떨기도 하고 하나이 창덕비에 감동을 받는 희비쌍곡선의 붉은 사슴섬이다.

(2015. 5. 10)

# 눈뜬장님

며칠 전 친구의 초청이 있어 대전에 간 일이 있었다. 가기 전에 일시와 장소를 물으니 "고속도로 대전 톨게이트를 나와서 큰길로만 계속 달리면 고가다리가 나오는데 그 다리를 넘으면 대한생명 건물이 나오고 그 건물 가기 전에 좌회전하여 신호를 받고 우회전하면 논산 가는 길이 나오는데…"라고 하면서 장황하게 설명을 늘어놓기에 그러지 말고 자네가 마중을 나오는 게 좋겠다고 했더니 그렇게 하마 해서 쉽게 간 일이 있다. 갈 때는 마중을 나와서 차질 없이 잘 갔지만 그러나 오는 길이 문제였다. 연회를 다 마치고 나서는데 마중 나왔던 그 친구는 술이 거나해서 갈 때처럼 길을 더 이상 부탁할 수도 없는 상황이었다.

"아무리 길치라지만 왔던 길을 못 찾아갈까, 내 알아서 가마." 하고는 혼자 자신만만하게 나섰다. 비가 쏟아지는 데다 말 그대로 오리무중이다. 한참 앞만 보고 달리다 보니 길이 영 낯설다. 잘못하다가는 더 낭패라 길가로 차를 세우고는 길 가는 이에게 물으니 꽤나 멀리 벗어난 듯했다. 갑자기 자신이 더 없어졌다. 몇 번이나 차를 세워가며 묻다가 마침 방향을 같이 하는 사람을 만나 같이 동승하고 무사히 고속도로 진입로까지 찾아갈 수 있었다.

연암 박지원이 쓴 "창애에게 보내는 답장"에는 눈뜬장님이라는 이야기가 나온다.

"황진이 시대에 유명한 화담 서경덕 선생이 길을 가다가 집을 찾지 못하고 울고 있는 사람을 만났다. 화담 선생이 '너는 왜 울고 있느냐'고 물으니 울던 사람이 대답하기를 '네 저는 다섯 살에 눈이 멀어 지금까지 이십여 년을 장님으로 살았습니다. 그런데 오늘 아침에 길을 걷다가 신기하게도 갑자기 온 천지가 밝아 세상이 또렷이 보이지 않겠습니까. 지금 너무 기뻐서 집으로 빨리 가고자 하나 길이 여기저기 많기도 해서 우왕좌왕하고 있습니다. 더구나 대문이나 집들이 모두 같아 보여서 제 집을 찾지 못하겠습니다'라고 했다. 화담이 듣고 '내가 너에게 집으로 가는 방법을 가르쳐 주마. 너는 눈을 다시 감아

라. 그러면 네 집을 찾아갈 수 있으리라.' 하고 일러 주었다. 그러자 그 맹인은 도로 눈을 감고 지팡이를 잡고 더듬어 가면서 평소대로 자기 집을 되찾아 갈 수 있었다."

눈을 뜬 것이 도리어 장님 때보다 못한 길 찾기가 되어 버린 셈이다. 집에서부터 밝은 눈으로 나왔더라면 되돌아가는 길도 그리 어렵지 않게 되었을 텐데 장님으로 나와서 밝은 눈으로 돌아가는 것이 쉽지 않은 일이 되어 버렸다. 본인 스스로 친구의 약속 장소를 찾았더라면 돌아오는 길이 수월했을 텐데 가는 길에 앞차만 의지했다가 오는 길마저 장님이 되어 애를 먹었다.

지금 한창 유행하는 길도우미(내비게이션)를 달았더라면 하는 아쉬움이 간절했다.

세상 사는 일이 이와 같아서 현대를 살아가는 구세대가 신세대를 따라잡기가 마치 모르는 길을 더듬는 길치의 모습 같고 또 맹인이 갑자기 밝은 세상을 보는 것 같아서 황당할 때가 한두 번이 아니다.

컴퓨터니 스마트폰이니 하는 최신 기계문명으로 더 좋은 세상이 되었다고들 하지만 너무 빠르게 변화하는 문명에 늘 뒤떨어진 길치가 되고 맹인이 되어 버리니 딱한 일이다. 옛 사람들은 노인에게 경륜을 배우고 지혜도 터득했건만 지금은 신세대가 물을 일이 없다. 해답은 컴퓨터와 스마트폰에 있기 때문이다. 오히려 구세대가 어린 아이들에게 컴퓨터를 묻고 스마트폰을 물어 사용해야 하는 세상이 되어서 구세대가 구닥다리 신세로 전락하는 느낌이 든다. 요즘 신세대는 태어날 때부터 대면하는 기기들이어서 몸에 밴 사용이지만 늙은이들은 너무 생소해서 가까이 하기가 두렵고 복잡하다는 선입견과 나하고는 멀다는 강박관념으로 해서 점점 멀어져가는 현상이 벌어진다. 이렇게 체념하는 순간 문명에 맹인이 된다.

신세대들이여, 그대들은 시대를 잘 태어나 항상 구세대보다 앞서가는 것으로만 착각하거나 오만하지 말 일이다. 앞 세대가 온갖 고난과 역경을 이기고 이룩한 찬연한 문명의 혜택 속에서 이루어진 열매를 먹으면서 앞 세대가 이룬 업적을 무시하고 자신들이 이룬 것처럼 여기는 오만한 태도는 금물이다. 그대들도 곧 뒤에 오는 후세대들에게 구닥다리라고 소리 듣지 않을 묘수가 있는가. 언제 그대들의 후배가 그대들의 발뒤꿈치를 잡고 당신을 제치는 날이 멀지 않음을 명심하고 처신할 일이다.

세상은 항상 신세대가 나고 구세대가 밀려가고 있다. 자기들이 신세대라 자만하는 순간 구세대로 물러나야 하는 운명이 역사의 순리다.

한편 신세대는 구세대를 앞서가야 발전이라는 문명의 수레

바퀴가 옳게 도는 것이지만 그러면서도 구세대를 통하여 감사하는 마음과 온고지신하는 태도를 가질 때 온전한 문화의 계승과 전수가 이루어진다. 또한 구세대는 후진이 나의 발자국을 따르다가 어느샌가 나를 질러간다는 역사의 순리를 자연스럽게 받아들이고 순응할 일이다.

구세대라고 낙망할 일도 아니요 쑥스럽거나 섭섭해 할 일도 아니다. 당당하게 내가 살아온 길을 묵묵히 살다 보면 잘 살았다는 인생의 끝이 다가오지 않겠는가. 좋은 세상에 자칫 눈뜬장님으로 살아야 하는 불편이 옥죄고 있을 수도 있으니 말이다.

# 바보 타령

생의 하향곡선.

삶을 나대로 살아온 것을 바탕하여 2기로 나눈다면 경계선이 불혹이라 생각한다. 전반기가 40 이전이고 후반이 불혹 이후라 여겨진다. 전반 불혹까지는 의욕이 왕성한 때다. 자라고 배우며 학창을 거치고 취직을 하고 장가들고 시집가고 아기를 낳고 하는 시기다. 이 시기는 건강도 부도 명예도 사랑도 이상까지도 상승곡선을 그리는 나이다. 꿈을 찾아 험산을 넘기도 하고 사랑에 목숨을 거는 시기다. 불혹이라는 정점에 이르면 인생을 알고 머리에 흰 머리카락도 새치가 아님을 알게 되고 이마가 넓어지고 머리털이 세수할 때마다 한 움큼씩 뽑힌다. 그래도 아이들 잘 자라고 재산이 늘어가는 재미로 휘파람을 분다. 그러나 불혹이 넘는 순간 세상이 녹녹지 않음을 알고 양보할 줄 알고 안 되는 일도 있음을 알고 때로는 의욕도 꼬리를 내리고 사랑도 소나기처럼 가버린다는 생각에 허무를 느끼는 인생의 고개다. 40 전후에 자기 얼굴이 결정된다는 말이 있듯이 인생이 고착되는 한 분기점이 된다.

이때쯤 해서 감성적이던 젊은 마음도 무디어지고 사는 데 바빠 직장에 오가다 잠시 고개를 들면 사랑도 그리움도 덧없어 보이고 자식들 걱정에 전전반측하다가 뜬눈으로 밤도 하얗게 지새고 이제는 모두가 섭리에 의해 재단되는 삶이라고 서서히 철리를 깨닫는 순간 생의 하향 곡선이 시작되는 것이다. 재미도 흥미도 의욕도 반감되고 얼굴에는 이미 자기의 고유한 이미지가 자리하고 있다. 그런대로 잘 산 사람은 이때쯤 해서 선풍도골도 되고 인자한 얼굴도 된다. 그러나 대부분 근엄하고 굳어진 얼굴로 무표정해서 접근하고 대화하기가 어려운 남자가 된다. 가끔씩 허전함과 삶에 찌든 자신을 보고 잘못된 삶의 과정을 성찰해 보지만 남는 것은 소시민의 욕심과 후회와 허전함뿐이다. 부모를 여의고 지금까지 생각지 않았던 자신의 건강을 되돌아보지만 이제는 자신감이 없어지고 꿈은 체념으로 전이되고 후회만 남는다. 몸보다 마음이 앞서고 몸이 따라 주질 않는다. 그래서 후진들에게는 잔소리가 늘어난다. 주위에서는 죽는 친구들의 부음의 소리도 심심찮게 듣는다. 쉰을 넘기고 이순이 가까우면 대머리, 아니면 머리가 시어서 백발이 되고 물들이지 않고 생머리인 사람이 드물어진다. 이 세상에서 이름들이 명멸되어가고 남은 이들은 그저 다행이라고 안심한다. 내 꿈은 사라지고 다만 그 자리에 미련과 후회만 남는다.

이순을 넘기면서 기억은 희미해지고 형제들도 하나씩 저승으로 간다. 부모를 잃으면 천붕지통이라 한다는데 천붕보다 더하다는 자식도 잃는다. 직장은 대부분 퇴직하고 나와서 갑자기 노인이 된다. 갑자기 건강을 챙기게 되고 남는 것은 지난날에 대한 후회와 그리움이다. 그리고 체념에 빠져 할 일마저 잊어버리는 건망증까지 얻는다. 이제는 자꾸만 잃어버리는 데 익숙해지고 채워지지 않고 잃어가고 있다. 하나둘 버리면서 산다. 나이 먹는다는 것은 잃어가고 열정과 용기가 사그라지는 과정이다. 정년퇴직하면 세상일들이 시들해지고 흥미도 없어지고 사랑도 식어지고 그래도 시간은 여유가 있어 세상을 조금은 관조할 수 있다는 즐거움은 있다. 육체는 자신이 없어지고 모르게 근육도 세포도 자꾸만 줄어들고 이제 살 날보다는 죽을 날이 가까워지는, 살 날이 얼마 남지 않은 시간을 대부분 보람 없이 보내는 시기라 생각하는 우를 범하는 시기이기도 하다. 숯불이 사위어들듯이 낙엽이 시들어 붙어 있는 꼴이다.

나도 이제 퇴임한 지 몇 년을 넘겼다. 퇴직하면서 제일 먼저 오는 변화는 은행의 푸대접이다. 마이너스 통장도 이젠 해주지 않으려 한다. 지금까지 이자 잘 내고 쓰던 돈도 다 갚으라 한다. 물론 신용대출은 끝이다. 돈 관계에서는 믿으려 들지를 않는다. 신용을 못 하겠다는 것이 억울하지만 법이 그렇게 되어 있다니 어쩔 수 없는 일이다. 직장이라는 것이 얼마나 나의 보증이 되었는지 새삼 고맙게 만드는 사건이다. 연금 외에 수당도 일당도 없는 것이 참으로 각박하다. 수입이 전혀 없이 고정된다. 이름도 많던 수당이며 때로 보너스며 그런 돈도 아무런 개념 없이 허비해버린 내 모양이 그리 좋아 보이질 않는다. 노후를 준비한다는 말이 귀 밖에만 들리더니 이제 닥치니 때는 늦어 버려서 길이 막막하다. 그러나 돈만 생각할 일은 아닌 듯하다. 이제 이 많은 시간을 어떻게 쓸까 하는 고민이 생긴다. 남들은 농사도 지어보고 운동도 취미를 붙여보고 하지만 나는 어린 시절 농사에 지친 마음이라 다시 하기 싫은 것 중의 하나가 농사일이다. 더구나 취미에 오락에 운동에 마음을 몰입할 생각도 없다. 그저 물 흐르듯, 마음 가는 대로 하고 몸 가고 마음 가는 대로 사는 수밖에 없다.

청산은 나를 보고 말 없이 살라 하고
창공은 나를 보고 티 없이 살라 하네.
사랑도 벗어놓고 미움도 벗어놓고

물같이 바람같이 살다가 가라 하네

青山兮要我以無語

蒼空兮要我以無堠

聊無愛以無惜兮

如水如風而終我

—나옹화상

# 오동나무

연립주택 3층으로 이사 온 후 꽃은 물론 꽃나무 한 그루 화분 하나도 키울 여유가 없다. 장소도 장소려니와 더 큰 문제는 사람이 단독 주택에서 살 때와는 달리 게을러져서 꽃을 심고 가꿀 마음이 잡히지를 않는다는 것이다. 아파트의 안락한 나태에 빠져 자꾸만 편안함만 찾고 있다. 그래도 견물생심인지라 김천 장날에 갔을 때 지금 막 뽑아 옮겨온 듯한 싱싱한 나무를 보고 지나던 발걸음이 멈춰졌다. 하지만 탐스런 황금 측백나무를 한 그루 사서 옥상에 올려놓고는 계절이 다하도록 까맣게 잊고 지내다가 고사하고 말았고, 약장수같이 말이 많다고 생각한 남원 아주머니한테 산 난의 뿌리는 싼 게 비지떡이었던지 아침마다 눈을 비비고 기다려도 결국 소망을 접어야 했다. 나중에 안 사실이지만 난이 무슨 감자 같은 뿌리가 있느냐고 묻는 말에 또 속았구나 하고 속만 썩을 뿐이었다. 난을 좋아한다면서 난 뿌리도 모르는 처지에 난 이야기만 나오면 쥐구멍이라도 들고 싶은 심정이다. 그렇게 당한 사람이 나만이 아니어서 망정이지 하나의 웃음거리로 오래 남을 에피소드이다.

이런 일이 있은 후 이래저래 더욱 우리 집은 황량한 집이 되어 버렸다. 꽃나무가 없으므로 마음 한구석 늘 허전함을 씻을 수가 없었다. 꽃을 좋아한다고 말은 많이 하지만 그럴 듯한 화초 한 포기도 없으니 남부끄럽고 맹랑한 일이 되어 버렸다. 사람들은 그래도 나름대로 화분이라도 몇 개 들여 놓고 사는데, 나는 이게 도대체 뭔가. 스스로 자탄을 금할 수 없다. 산다는 것은 자연에 적응하는 과정이요, 자연으로 돌아가는 길이라면, 나는 자연과 나이 들수록 더 멀어만 가고 있으니 자연에 영합하지 못하고 역으로만 가는 느낌이 든다. 이웃집들이 베란다 창문에 화초를 기르면서 사는 품이 퍽이나 아름답다.

그러나 다행인 것은 내가 사는 이곳이 시골 소도시인지라 집안에서도 집을 나서도 멀고 가까이 보이는 것이 산이다. 푸른 산이 항상 둘러 있는 아름다운 곳이라 이것이 하나의 낙이라면 낙이요 다행스런 일이다. 옛시조에 '산은 들일 데 없으니 둘러 두고 보리라'는 풍류라도 즐길 수 있으니 이것으로 자족하고 산다.

이렇게 살다가 집 옥상에 서너 개의 빈 화분이 나돌았다. 이것마저도 일하는 아주머니 손에서 버려진 것을 혹시 쓰임새가 있으려니 하고 다시 제자리로 옮겨 놓았다. 더구나 올여름은 자주 흐리고 비도 잦았다. 농사에는 해가 되리라고 말하지만 큰 더위 없이 여름을 시원하게 보낸 듯했다. 가을이 문득 다가온 듯한 어느 날 옥상에 오른 나에게 웬 괄목이던가. 옥상에 둔 빈 화분에 오동나무가 늠름한 잎을 드리우고 화분이 비좁도록 초록물이 뚝뚝 떨어질 듯이 나를 반기었다. 잎이 한 자씩이나 넘게 자란 것이 자랑이라도 하듯 넘실대고 있었다.

지은아, 지성아, 윤상아!

이렇게 애들을 불러놓고 하늘이 준 선물에 함께 감사하고 탄성을 내질렀다. 아내마저 함께 올라와 미소로 답했지만 마음은 모두가 들떠 있었다. 우리는 자연의 신비와 오묘함을 맛보고 나무의 생명력에서 하늘의 섭리를 느꼈다. 빈 화분에 날아든 몇 톨의 씨, 우로와 비를 맞으며 생명력이 뻗어 싹이 나고 꽃보다 더 밝게 쑥쑥 자라서 싱싱한 자태가 선구자 같다.

벽오동은 상서로운 나무다. 옛날부터 벽오동 심은 뜻은 봉황을 보려 했다는데 저절로 찾아온 오동이 화분에 가득하니 어찌 서기가 넘치지 않으랴. 경이驚異로 찾아 든 빈객을 정중하고 즐거운 마음으로 맞으며 한편으로 이 오동이 조금 더 자라면 어떻게 하나 걱정이 앞선다. 큰애는 큰집 뜨락에 심자 하고, 또 막내는 밭도랑에 심자고 제의한다. 어쨌든 올해는 좋은 일들이 많이 생기기를 기대하며 오동나무로 은근히 상서로운 서기를 받아들이고 싶다. 올해는 좋은 일이 알사탕처럼 주렁주렁했으면 좋겠다. 그리고 오동나무도 하늘 높이 치솟아 봉황새도 날아들 날을 기대해 본다.

# 잡초

올해 매일 나는 땀을 흘려야 했다. 몇 평 안 되는 밭에 고추며 상추 가지와 오이를 심어 놓고 모진 땀을 매일 흘리고 있다. 밭에만 나가면 옷을 흠뻑 적셔야만 되는 한여름의 밭일이다.

농사해본 사람이면 이렇게 고생을 사서 하는 일은 없다. 채소 씨를 심을 때 먼저 고랑을 지어 비닐로 씌우고 비닐에 구멍을 뚫어 씨를 심거나 어린 묘목을 심으면 잡초가 나지 못한다. 비닐로 고랑을 덮지 않을 때는 밭고랑 사이로 풀이 돋으면 제초제를 뿌려 일절 잡초가 자랄 틈을 주지 않는다. 그럼에도 나는 굳이 그런 과정을 무시하고 듣기 좋은 말로는 자연 그대로의 채소를 먹기 위한다는 그럴듯한 말로 얼버무리면서 쉽게 파종을 했다. 처음에는 잘 자라는가 싶더니 얼마 지나지 않아 잡초가 하나둘씩 얼굴을 내밀더니 곡식보다는 더 열심히 자라고 있다.

쉽게 한 파종이 여름 장맛비에 온갖 잡초로 무성하더니 이제는 잡초를 제거할 엄두도 내지 못하고 있다. 나중에 이처럼 화를 자초할 줄을 알지 못하고 그냥 편하게 심은 고추는 잡풀 속에서 녹아 버렸다. 한 달가량의 장마 동안에 며칠씩 가지 못한 사이에 풀은 무성하게 자라서 어느 것이 채소인지 분간도 못할 형편이 되었다. 밭 이웃들에게 부끄러운 농사꾼이 되었다.

물론 나만 잡초밭이 된 것은 아니다. 나와 좀 떨어진 밭을 보면 이는 나보다 더하다. 감자를 서너 마지기 심은 것이 처음에는 작황이 아주 좋아 감자가 많이 생산되려니 했는데, 장마가 지나고 난 감자밭에는 감자 잎은 흔적이 없고 잡풀이 무성한 풀 언덕이 되었다. 주인은 무성한 풀밭에 감자를 수확할 엄두를 못 내는지 완전히 풀밭이 된 채로 그대로 두고 있다. 나처럼 부지런하지 못한 이가 농사를 지으려다 그만 포기한 듯하다.

그래도 나는 조금씩 노력한 보람이 있어 상추는 쉼 없이 많이 뜯어 식탁에 올렸고 오이며 가지를 잡풀 사이에서 그런대로 적잖이 따 날랐다. 문제는 잡초를 그대로 두고 채소만 뜯다 보니 잡초는 더욱 기세등등하게 자라고 채소는 줄어서 나중에는 온 밭에 잡풀만 남았다.

문제는 대부분 주변 밭에는 잡풀 하나 없이 깨끗한 것이 보기에 좋고 농사짓는 모습들이 부지런해 보인다는 점이다. 내 밭과 같이 잡풀이 무성한 밭은 아무래도 이웃들에게 인정을 못 받는 불성실하고 게으른 면이 저절로 나타나는 것이 안타깝다. 나도 더위를 무릅쓰고 땀 흘려 마음먹고 며칠을 낫으로 베어내고 손으로 뜯어내는 작업을 했지만 이웃과는 비교도 되지 않아 마음이 영 개운하지 않다. 베고 뽑고 내 딴에는 풀을 제거한다고 발품을 많이 들였지만 풀은 끝도 없이 일어났다. 감당이 불감당이다.

농사짓는 농사꾼의 입장에서는 잡풀은 정말로 귀찮은 존재 부정적 존재다. 그러나 돌려 생각하면 잡초의 그 끈질긴 근성은 생명의 신비감과 경이를 주고도 남는다. 반면 억누르고 밟아도 잡풀같이 살아야 하는 민생의 입장에서 생각하면 잡초는 경이롭다. 시인 '김수영'은 이렇게 노래했다.

〈풀〉

풀이 눕는다./비를 몰아오는 동풍에 나부껴
풀은 눕고/드디어 울었다./ 날이 흐려서 더 울다가
다시 누웠다.

풀이 눕는다./ 바람보다도 더 빨리 눕는다.
바람보다도 더 빨리 울고/바람보다 더 빨리 일어난다.

날이 흐리고 풀이 눕는다./발목까지/발밑까지 눕는다.
바람보다 늦게 누워도/바람보다 먼저 일어나고
바람보다 늦게 울어도/바람보다 먼저 웃는다.

날이 흐리고 풀뿌리가 눕는다.

백성을 흔히 민초라 한다. 권력자에 비하여 천대받고 힘없는 백성을 일컫는 말이다. 아무리 힘이 없어도 백성은 다시 일어나고 울고 웃는다는 서민의 애환과 끈질긴 생명력을 잡초에 비유한 시다.

이 시를 더욱 절실하게 통감하는 계기는 농사를 지어보면서였다. 아무리 친환경이라지만 약을 전혀 치지 않고 농사하는 것은 쉬운 일이 아닌 성 싶다. 그만큼 잡초는 생명력이 강하여 제초제를 뿌리거나 혹은 처음부터 비닐을 씌워 원천봉쇄 않고는 농사를 지을 수 없는 번식력을 가지고 있다. 아무리 억누르고 압제를 하여도 다시 일어서는 끈질긴 백성이 바로 잡초와 같아서 백성을 민초라 하였던가 보다.

잡초는 비만 오면 우후죽순처럼 여기저기서 머리를 내민다. 조금이라도 방심하거나 게으름을 피우면 일 년 농사를 망친다.

내 어릴 적 여름 내내 콩밭에 엎디어 쉼 없이 밭일을 하시던 어머니와 할머니의 밭 매는 모습이 눈에 선하다.

(2011. 10.)

# 젊은 날의 고갯길

오늘은 오십수 년 전 내가 때때로 등교하던 길을 더듬고 싶어 차를 몰고 덕대산 중허리 골짜기인 백옥동 내촌 가는 길에서 왼편으로 들어서는 골짜기로 차를 몰았다. 옛날이 그리워서 찾아든 골짜기는 소를 치는 우사와 포도나무로 변하여 내가 생각했던 골짜기가 아니었다. 무성했던 골짜기의 나무들은 간 곳 없고 들로 변한 들판에는 경운기 소리가 골을 채우고 있었다.

산 중턱 길은 경운기만 오를 수 있어 차를 세우고 옛길을 더듬으며 고갯길을 올랐다. 고개의 정상에서 당황하였는데 재너머 양각으로 넘나들던 길이 사라진 지 오랜 듯 전혀 길을 찾을 수가 없었다.

이 길은 내가 6년이라는 긴 세월 동안 중고등학교를 등하교하며 넘나들던 고갯길이다. 그처럼 정들었던 길이요 한편 그리움의 길이다. 꼭 날이 궂거나 비가 오거나 눈이 오는 날에 걸어서 이 길을 가야만 했었다.

어느 한겨울 아침에 일어나니 온 천지가 눈으로 덮여 백설의 세상이 되어 있었다. 이런 날에 학교 가는 길은 맹랑하다. 자전거를 탈 수도 없고 산길 등산을 피할 길이 없었다. 가방을 들고 첫새벽부터 덕대산 중허리를 뚫고 구성면 하강에서 김천 백옥동으로 고개를 넘어 등교할 수밖에 없었다.

이날은 단짝 동무도 나오지 않았다. 창호는 나와 동기로 초등학교부터 고등학교까지 한 학교를 다녔던 동무다. 날이 궂은 날에는 같이 고갯길로 가자고 맹약을 했건만 약속은 지켜지질 않았다. 혼자서 타박타박 한 자나 넘게 온 눈길을 걸었다. 산에 오르는 길이라 지게 작대기 하나를 손에 쥐고 가방은 등에 메고 오른다. 산에 오르는 경우에는 늘 작대기를 습관적으로 든다.

봄, 여름, 가을에는 항상 뱀이 무섭고 경계대상이었다. 비 오는 여름날에는 안개마저 자욱하면 산길이 더 무섭다. 우산을 들고 한 손에는 작대기를 들고 무성한 풀잎을 헤치고 가노라면 때로는 따뱅이 튼 뱀이 머리를 쳐들고 덤비려 하는가 하면 앞만 살피며 가는 길에 꿩이 난데없이 소리치며 날아오르고 노루가 뒷발질을 하며 산으로 오른다. 이런 일을 혼자 깊은 산에서 갑자기 당하는 때는 온몸에 털이 곤두서고 정신이 아득해진다.

그런데, 그날은 눈이 가득한 산길이라 조금은 낭만이 나를 이끌었다. 평소에 가던 길을 제쳐두고 고개에 오른 김에 산 능선으로 가보고 싶은 마음이 생겼다. 고성산 정상만 오르면 바로 학교로 직행하리라는 짐작만으로 정상을 향해 능선을 타고 걸음을 재촉했다. 눈 쌓인 산은 겉으로만 조금 얼어서 운동화가 푹푹 빠지는 바람에 양말이 다 젖어서 발이 시리었다. 눈이 바람에 날려 깊은 곳은 서너 자나 넘게 쌓인 곳도 있어 위험하기까지 하다.

집에서 7시에 나온 것이 정상에 오르는 데만 2시간이 넘게 걸렸다. 눈 온 뒤의 산에는 정적만 흐르고 오갈 데 없는 토끼만 몇 마리 만났다.

내가 그 길을 더듬을 수 있었던 것은 작년에 산을 오른 경험이 있었기 때문이었다. 이처럼 눈이 많이 내리던 날 점심을 한 후 전교생이 모두 운동장에 집합했다. 영문도 모르고 우리는 모였는데 악대가 동원되고 악기 중에도 주로 북과 트럼펫이 다였다. 말씀이 토끼사냥을 간다는 체육 선생님의 말씀이 공표되고 뒷산으로 학년별로 반별로 오르기 시작했다. 전교생이 고성산 한 골짜기를 포위해버린 것이다. 그리고는 포위망을 좁히며 정상에서 내려오며 함성과 더불어 북을 치고 나팔을 부는데 옛날 전쟁터를 방불케 하는 사냥놀이였다. 이날의 성과는 대단했다. 토끼 여섯 마리에 노루를 한 마리 포획한 것이다. 놀란 노루를 발견하고 모두들 함성을 지르니 이 노루가 갈 곳을 몰라 우왕좌왕하는 사이 노루를 끌어안고 나뒹군 친구, 그때 뒷다리 앞다리 할 것 없이 학생들이 낚아채는 바람에 노루가 다친 데 하나 없이 사로잡혔다. 이 골짜기 정상에서 내려다본 눈 덮인 도시는 온 천지가 백설이다. 月白雪白 天地白월백설백 천지백이라더니 이 경치가 김삿갓과 공허스님의 경지가 아닌가. 도시고 농촌이고 할 것 없이 백설 천지다. 눈 덮인 김천을 한참이나 내려다보면서 정상의 감회를 만끽하고 잠시나마 맑고 밝은 김천이기를 기원하면서 하산의 길로 들었다.

한편 학교는 이미 많이 늦었다. 지각생이 무슨 핑계가 있을까마는 그래도 이 눈길을 헤치고 산길을 넘어지고 헤치면서 학교에 오는 것만으로도 나 자신이 무척 상기된 마음이다. 11시가 가까워서 겨우 학교에 도착했고 친구들은 오히려 늦은 지각생에게 오늘만은 무슨 개선장군이나 된 것처럼 반겼다. 환호와 박수가 교실에 가득하고 모두들 대견해 하는 태도였다. 알고 보니 학교에서는 눈이 너무 많이 내려서 아예 시골서 걸어오는 학생이나 자전거 통학생은 학교 등교를 하지 못할 것이라는 결론으로 체념하고 있던 차에, 나타나니 교실이 온통 웅성거렸던 것이다. 온몸이 눈에 젖어 있지만 김이 무럭무럭 나는 나를 대견해 하는 눈치들이다. 지각이 오히려 자랑이 되는 것을 보면서 감동이란 이런 것이구나 하고 생각되었다. 담임선생님마저 폭설에도 불구하고 나타난 것에 격려를 아끼지 않았다. 눈길 등산도 하고 흐뭇한 칭찬도 받았으니 눈 온 날의 축복이었다.

또 어느 해 초파일 전날은 비가 많이 내렸다. 할머니도 오늘은 절에 가시는 날이다. 일 년에 딱 한 번 절을 찾는 날이 초파일이다. 석가탄신일에만 절에 가시는 할머니는 오늘을 손꼽아 기다리며 떡도 하고 먹을 것을 잔뜩 싸서 새벽길을 재촉했다. 오늘은 할머니 바람대로 동행을 했다. 할머니는 노구에도 불구하고 학교 가는 손자와 동행하는 것이 그리도 즐거우신지 상기되어 계셨다. 할머니와 나는 고갯길을 올랐다. 황각골 고갯길은 마디었다. 힘든 산길이지만 조금도 힘들다는 기색 없이 오르셨다. 고개를 넘어 맑은 도랑물을 만난다. 비 그친 도랑 가에 둘이 앉아서 오순도순 김밥과 떡을 펴 놓고 같이 먹으며 그렇게 행복해 하시던 모습이 지금도 눈에 선하다. 거기서 두 갈래 길로 갈라지는데 할머니와 나는 그렇게 헤어져 갔다. 그 후에 얼마 되지 않아 세월은 그 두 갈래 길처럼 할머니와 나를 영영 갈라놓았고 흰 치마저고리의 할머니는 그 뒤로 나에게 늘 눈물이고 그리움이었다.

50여 년 전 옛길을 더듬으며 다시 오른 길은 무성하던 나무며 토끼와 꿩과 노루의 흔적을 찾을 길이 없다. 오지 말 것을 왜 와서는 후회막급이다. 돌아오는 마음이 천 근이나 무겁다. 눈 온 날의 그리움과 등굣길의 낭만과 추억이 서린 산록. 패기와 용기 청춘이 온통 푸르기만 하던 산이 오늘은 도무지 죽은 산과 같아 마음마저 공허하다.

# 한 평 땅

멀리 있는 친구로부터 오랜만에 전화가 왔다. 이런저런 이야기를 나누다가 땅을 좀 사고 싶은데 적당한 땅을 물색해 달라고 부탁했다. 그러면서 너는 땅을 얼마나 가지고 있느냐고 물어 왔다. 할 말이 없어 웃기만 했다. 당연히 많은 땅을 가지고 있으리라고 전제하고 있어 나는 씁쓸함을 금할 길이 없었다. 그러면서 덧붙이기를 혁신도시로 개발된다는 점과 너는 그 과정을 다 보고 있으니 당연히 많은 땅을 가지고 있으리라는 것으로 억측이었다. 있다고 하자니 거짓이 되겠고, 없다고 하자니 당연히 입에 발린 거짓이라고 할 것 같고 이러지도 못하고 저러지도 못하는 어정쩡한 말로 얼버무렸다. 거기다 한 수 더 나아가 네 것이라도 팔 땅이 있으면 좀 팔라는 간청에는 입이 있어도 할 말이 없다. 그저 웃어넘길 수밖에.

잘못 살았는지 바보같이 살았는지 혹은 잘산 것인지 영 판단이 서지 않는 상황이다. 내 딴에는 늘 땅 한 평 소유하지 않은 것을 내심 자랑하고 자부하며 살았는데 친구의 전화를 받고 보니 나는 현실에서 멀리 떨어진 무능한 삶이었나 싶다. 세상살이가 녹녹지 않다는 것은 누구나 공감하는 바이지만 이 세상에서 현실을 외면하고 살아온 결과는 그리 자랑스러운 것은 아닌성싶다. 자식들 보기에도 그렇고 이웃 보기에도 혹시는 가식적이거나 거짓으로 재산을 포장하고 있는 것이 아닌가 하는 의구심을 떨치기가 그리 쉽지 않다. 왜냐면 우리는 부부가 다 직장생활을 했기 때문에 혼자 일하는 가정보다는 두 배나 더 수입이 많을 것 아니냐 하는 계산 때문이었다. 이런 계산이라면 당연히 우리 집은 재산이 많이 쌓여 있고, 부자의 풍요는 아닐지라도 혼자 버는 집보다는 여윳돈이 많아서 땅이라도 사 놓았으면 지금은 대단한 재력이 아니겠느냐는 추론이 가능하다. 실제로 이렇게 보는 이웃이 많다.

그런데 사실 나에게는 경제적 여유도 없고 물질적 풍요는 더욱 없다. 땅은 산 것이 하나도 없다. 20세기 후반기에는 땅을 사는 것은 투기성이 강하고, 그 시기는 실제로 투기가 만연하던 때라 왠지 그런 소인배적 일탈은 안 한다는 마음으로 멀리했을 뿐이다.

또 하나 이유라면 원래 태생적으로 나는 돈을 모으는 사람이 아니라고 누군가에게 들은 기억이 난다. 나는 닭띠다. 닭은 발로 뻗어내기만 해서 재산을 모으는 형이 아니라는 해설이다. 그래선지 나는 늘 아내의 말에 의하면 일에 방해만 되는 존재라는 것이다. 무얼 하나 사자고 하면 나는 늘 '이미 빚지고 있는데 무슨 매입이냐'고 핀잔만 주었다. 좋은 물건이 나오면 빚을 져서라도 사놓고 봐야 된다는 것이 누구나 잘 아는 이론인데 나는 그게 항상 못마땅했다. 그러고 몇 년이 흐르면 턱도 없이 올라 있어 다시 살 엄두도 못 내게 되고 '이젠 다 올랐지' 하는 마음에 오른 가격으로 사기가 싫어지는 것은 인지상정이다. 그러나 그게 다가 아니었다. 1990년부터 계속 오르기만 했지 내린 적이 없는 것이 토지요, 아파트 값이었다. 사서 놓기만 하면 투기가 한 번 쓸고 가면 수십 혹은 수백 배의 수익이 보장된다. 이 과정을 보면서도 사지 않으려 버티는 배짱도 보통 배짱은 아닌 상 싶다. 그런 중에도 나는 직장이라는 든든한 빽이 있어 늘 느긋했다.

그러고 보면 선견지명이 없는 것도 하나의 이유가 된다. 남들은 앞을 보고 달리는데 나는 제자리걸음만 고집하고 있으니 무슨 재산의 변동이 있으며, 현금만 모자라지 않게 둘이 받은 월급으로 톨톨 털어 쓰는 재미도 쏠쏠했으니 걱정이 없었다. 목돈이 필요하면 쉽게 은행에서 차용했다. 소위 현실에 안주

한 셈이다. 남에게 아쉬운 소리 않아도 되는 것이 내 딴에는 자랑이요 자족이었다. 그래서 남들이 돈을 벌었다고 해도 별로 선망되지도 않았고 그럭저럭 보낸 세월이 어느덧 정년이 되고 세월은 흘러 버렸다.

'이제 돌아보니 역시 나는 바보같이 살았구나' 하는 사건이 있었다. 정년을 하고 제일 먼저 반응을 보인 곳이 은행이었다. 말없이 돈을 잘 빌려주던 은행에서 어느 날 퇴직을 했으니 이제 마이너스 통장도 회수하고 빌린 돈도 다 갚으라는 고지서가 날아들었다. 목돈을 마련하지 못한 처지에 난감했다. 그래도 아직 아내가 직에 있으니 다행이라면 다행이었다. 갑자기 당하는 푸대접에 섭섭하기가 이를 데 없었다. 재산이 축적되었다면 당하지 않아도 될 수 있는 일이라 은행에서 처음 당하는 기분이 묘했다.

나에게도 당연히 땅이나 건물을 사야 할 당위성도 있었다. 아이들 교육을 위해서 대도시에 집이라도 한 칸 마련했어야 당연함에도 이것마저도 외면하고 집을 얻어 하숙하고 자취를 시켰다. 그것도 일이 년이 아니고 15여 년을 말이다. 더구나 유치원 경영이 소원인 아내를 위해서라도 주변에 땅을 미리 마련했어야 당연지사임에도 아무런 대책도 계획도 없이 지내 왔으니 딱한 노릇이다. 아내가 나더러 고집이 세다고 해도 할 말이 없다. 더구나 앞을 내다보기보다는 투기가 극심한 때라 자칫 내 지론에 금이 갈까 전전긍긍한 것이 현재에 이른 것이다. 늘 나는 투기에 손대지 않겠다는 지론을 펴온 터라 이것이 삶의 흠결인 양 토지나 집을 사는 것에 거부 반응이 심했다. 이때는 모두가 투기에 몰두하던 시기라 투기에는 신경질적 마음이 앞섰던 것 같다. 투자라는 개념이 되기까지는 그렇게 편견을 가졌던 마음이 있었고 이미 때는 늦어 버렸다. 청빈을 자랑스럽게 학생들에게 열강했으니 어찌 투기에 손댈 수 있으랴 하는 일종의 양심이었다.

그러나 현실에서 누구는 땅을 사서 팔아 앉아서 수십억 원을 벌고, 누구는 한 번 투기해서 얼마를 벌고 할 때마다 왠지 혼자만 외톨이가 되는 것 같아서, 세상에 소외된 기분이 잠시 들기도 했다. 아내가 돈이 궁해지면 나에게 돈도 한 푼 안 주는 가장이라고 추궁하는 것을 듣고, 더구나 내 통장을 내가 관리하는 죄인이 되어 할 말을 잃는다.

나는 닭띠라 이럴까 자신에게 물어본다. 자본주의 사회에서 돈이 없고 재테크도 하지 못한 외계인 같은 자신을 보면서 조금은 한심스럽기도 하다. 그래도 유행처럼 번지던 투기에서 자유로웠고 세태에 추종하지 않고 나를 지켜 왔다는 사실만으로 위안을 삼아야 할 것 같다. 한편으로 나는 그런대로 마음 편히 잘 살다가 가는 편이다. 어차피 떠나야 할 인생, 소유하면 어떻고 무소유면 어떠랴. 하기야 한 평의 땅이 필요하다는 죽음인데, 빈손으로 왔다가 빈손으로 간다는 인생이 뭐 그리 자책할 필요는 없다.

그러나 아버지로서는 낙제점이다. 현실을 외면하고 살아온 결과는 군자도 아니고 청빈도 아님을 스스로 생각하게 한다. 거기다 자식들의 인생이 순전히 자기 노력으로 살아야 하는 힘겨운 싸움이 될 것 같아서 안쓰럽다. 자손들에게 대대로 가난을 세습하는 못난 아버지로 비칠 때 그래도 나는 큰소리칠 수 있을까 하는 의구심이 있다. 어느 정도 남기고 가는 것도 우리 사회에서는 아버지의 의무인 것 같아서, 때 늦게 이제야 마음만 쓰일 뿐이다.

그래도 집안에서나마 조카 덕으로 양지 기슭에 한 평 남짓 갈 자리를 마련해 두었으니 걱정은 덜 수 있어 다행이다. 알고 보면 경제에도 무식하고 삶에도 무능한 사람의 전형일 뿐인데 가진 것 많이 없어도 사는 내 모습이 남들 눈에는 왠지 알부자처럼 여겨지는 것도 그나마 다행이다.

(2009. 7. 20)

## 할마이

추운 겨울밤이었다. 고등학교 친구들이 졸업을 앞두고 시골 집이라고 우리 집으로 갑자기 들이닥쳤다. 조용한 시골 동네에 술을 한 말 지고 여학생까지 대동하고 왔으니 작은 동네가 온통 시끄러웠다. 개들이 제일 왁자지껄하고 야단법석이었다. 조용하기만 한 산골에 여학생까지 대동한 이 패거리들의 행차로 제일 난감한 것이 나였다. 나뿐 아니라 형이나 어머니나 할머니 모두가 당황스럽기는 마찬가지였다. 좋은 학교에다 공부만 하는 학생으로 회자된 나부터가 이런 낭패가 없었다. 술 취한 학생들의 갑작스런 방문은 고역이요, 불행이었다. 아무리 잘 수습하고자 했으나 술에 취한 떼거리 학생들을 어떻게 할 도리가 없었다. 동네 사람들은 호기심에 찬 눈으로 수군거리고 20여 리를 걸어서 들어온 친구들을 쫓아 보내기는 어렵고 그냥 두자니 동네에 가시방석이었다. 우리 가족은 어찌할 바를 모르고 허둥거렸다.

여기에 주동자는 할마이였다. 할마이는 원래 경상도에서 할머니를 부르는 말인데 이 친구 얼굴이 합죽한 것이 아마도 이런 별명을 얻은 것 같다. 이 친구 한다면 하는 성질이 있어 20여 리 길도 마다치 않고 찾아 왔으니 할머니와 어머니 형은 울며 겨자 먹기로 그래도 정성을 다해 잘 대접했다. 밤이 새도록 시끄럽게 놀다가 첫새벽에 다시 20여 리의 길을 술김에 선뜻 나서서 가버렸다. 차가 없던 1960년대 말의 일이다. 아침이 밝아 오자 폭풍이 지나간 듯 동네는 조용해졌지만 나는 형한테 호되게 꾸중을 듣고 동네 사람들에게 뒷모습이 왠지 근질거렸다. 토담인 시골 담은 거의 해를 안 입은 곳이 없었다. 짚으로 새 단장을 한 담은 벗겨지고 넘어지고 말이 아니었다.

더구나 제일 치명적인 것은 지금까지 동네 사람들이 보기에 공부만 하는 학생인 줄 알다가 이런 친구들의 행태를 봤으니 나에 대한 소문이 이웃 동네에까지 하루아침에 퍼졌다는 것이다. 친구를 보면 그 사람을 안다고 나는 추락할 대로 추락하는 수모를 이날 저녁에 받았다.

할마이는 중학교 때 나의 가장 친한 친구였다. 그 친구들이 나를 보겠다고 믿고 찾아 왔으니 고맙지만 날이 하얗게 새도록 온 동네를 난장판으로 만들어 놓고 말았다. 한편으로는 원망스러웠다. 이 친구들은 그래도 도방 사람이고 나는 순전히 촌놈이다. 그래서 가끔씩 신세도 많이 지는 친구의 집들이였다. 요즘에는 역장이 된 친구 집에서 흰 쌀밥에 고깃국을 먹을 때는 그렇게 맛있을 수 없었고 선망이 되기도 했다. 또 할마이는 5남매인데도 하루저녁 신세를 질 양이면 거리낌 없이 한방에 뒹굴면서 신세를 지기도 했다. 특히 여동생들이 아무 거리감 없이 친오빠처럼 친구같이 대하는 친근감에 매료되기도 했다. 그뿐인가. 사업가 K는 5남매나 되는 대가족이면서 아버지가 엄하여 엄격하게 통제되는 느낌으로 그의 여동생들의 얼굴도 거의 보지 못하는 집안이지만 아들 친구들에게는 철저히 대접하기를 잊지 않으니 내 어찌 이들이 갑자기 찾아 왔다고 외면할 수 있겠는가. 그 외에 어른이 되어, 한의원 하는 친구와 엿공장 하는 장로 그리고 학교에 근무하는 친구들이 있다.

할마이는 동기생은 물론이고 상급생이나 하급생마저도 모르는 사람이 없어 할마이로 다 통했다. 힘이 얼마나 센지 모르지만 지금도 혼자 큰소리는 다 하고 남에게 지지 않으려 한다. 소위 의리에 살고 의리에 죽는다고 큰소리다. 우리에게 힘 한번 옳게 써 본 적은 없다. 이런 성격이다 보니 좋지 못한 폭력서클도 넘겨다보고 그러면서도 항상 친구를 끔찍이도 좋아하고 의리 있는 친구다. 이런 의리는 때때로 부인에게는 참 곤란한 일을 만들기 일쑤다.

지나간 과거의 어느 때 한 번은 초상집에 갔다가 할마이가 금목걸이 한 것을 보고 모두 감탄해 마지않았는데 한잔 들어간 할마이가 옆 친구한데 금목걸이를 벗어 걸어 주었다. 진짜 준다면서 다시 풀지 못하게 하고는 헤어진 적이 있다. 그 뒤에 알고 보니 그 목걸이는 제수씨가 무슨 기념으로 사 준 것인데 이걸 친구에게 주어 버리고 왔으니 난감한 일이 되었다. 다시 달라고 전화하면 좋으련만 마음이 약한 제수씨도 속만 앓고 지낸 모양이었다. 또 더 큰 문제는 받고 난 뒤 깜빡 잊은 친구는 쑥스러우니까 집에 가서 벗어 놓고 나중에 만날 때 주려고 했던 것이 얼마간 깜빡 잊고 지내다가 목걸이가 어디로 간 건지 행방이 묘연했다. 서로 멀리 떨어져 사는 처지라 몇 년이 흘러 버렸으니 지금은 어떻게 된 건지 알 길이 없다. 할마이와 그 친구만 아는 비밀의 사연이 되었다.

할마이는 말을 심하게 더듬는다. 이것은 할마이의 트레이드 마크다. 처음에 전화를 걸다가 말이 없어 끊어 버린 적이 있다. 다음날 만나 이런 이야기를 하다가, 오히려 네가 먼저 끊더라는 핀잔을 준다. 서로 전화를 먼저 끊었다고 했지만 이것도 말이 나오지 않은 결과로 나타난 사건이다. 전화를 받고 말이 늦어 그새를 참지 못해 오히려 내가 끊어 버린 실수였다.

단지 노래할 동안만은 말을 더듬는 일이 전혀 없다. 평소에 그렇다고 말을 덜 하느냐 하면 그렇지가 않다. 오히려 말이 많아서 탈이다. 낯이 두꺼운 친구라 전혀 거리낌이 없다. 그러다 옆에서 답답하여 한두 번 거들면 말참견한다고 생야단이다. 술이라면 말술도 마다하지 않는 술탁보다. 술을 먹고 나이든 처지에 옆 사람 아랑곳하지 않고 설쳐대는 꼴을 한 대 쥐어 박아주고 싶을 때가 한두 번이 아니다. 전혀 자신의 말에 거리낌이 없다. 더러 좀 부끄럽게 아니면 조심스럽게 나올 듯도 한데 전혀 그렇지가 않다. 이런 그의 태도가 좋다. 당당하고 남자답고 의리 있고 호기롭다. 할마이는 자기의 단점을 조금도 지체 없이 온전히 드러내놓고 공개하는 남자다운 남자다. 옆에 사람이 있으면 더욱 심하게 짓궂게 군다. 항상 당당해서 좋다. 이 당당함은 그의 후천적 성격에서 길러진 삶의 한 방식인지도 모른다.

# 축소의 미학

오월이면 매년 펼쳐지는 미인대회를 각별히 눈여겨본 것은 참가 미인들에 대한 호기심보다 키에 대하여 더 관심이 많아서다. 참가 미인들이 대부분 170cm를 넘는다고들 한다. 언제부터인지 우리 여성들의 체형이 국제화에 걸맞게 변화되어 기성세대들의 여성에 대한 미적 기준과는 격세지감을 느끼게 한다.

우리 조상들의 여성관은 달같이 훤하고 꽃같이 아름다운 미색을 갖추어야 미인이라고 했었다. 거기다 걸음걸이도 아장아장 걷는 아담한 여자를 좋아했다. 여자가 키가 크면 오히려 싱겁고 말 같다 해서 여자는 말띠인 것만 해도 혼인을 기피하는 일이 한 세대 전까지 흔히 있었다. 키 큰 것이 여인으로서는 약점이요 치부였던 것이 엊그제인데 지금은 서구화의 미적 감각으로 구세대들과는 판이한 미의식을 표출한다.

근래 몇십 년 동안 현대 문명의 혜택을 톡톡히 본 덕으로 요즘 젊은이의 평균 신장이 기성세대들보다 10cm를 더 상회하는 성장을 기록했으니 미의 관점도 어지간히 달라지리라는 짐작도 간다. 체구만 향상된 것이 아니고 문화도 커지고 사회 규모도 커진 것이 사실이다. 이렇게 커서 좋은 것도 물론 많지만 허망하게 커지지 않았으면 하는 것들도 적잖다.

마이카시대로 일컬어지는 지금은 내 차 붐으로 거의 집집마다 자동차를 소유하고 있지만 소형차보다는 중형이나 대형차 혹은 외제 고급차를 분수에 넘치게 선호하는 것을 보면 역시 대형선호시대를 실감케 한다.

어디 차뿐이랴. 주거만 봐도 둘이 살면 20평도 족할 공간을 오히려 관리며 청소의 불편도 무릅쓰고 과분하게 빚을 얻어서 대형 아파트를 선호하는 지금의 현실에 혹여 아파트 평수가 적으면 '못난 사람으로 치부될까, 인격손상은 당하지 않을까, 자존심에 먹칠은 하지 않을까' 하고 전전긍긍하는 소시민성을 적나라하게 보는 듯하다. 이처럼 남의 눈을 의식하고 눈치 보며 급급하게 사는 현대인은 바로 누구인가? 나와 너의 모습, 우리들의 자화상이다. 가난 속에서 더 많이 더 크게만을 추구하다가 하루아침에 돈을 벌겠다고 투기를 낳고 사기를 치고 세상을 혼탁하게 했었다. 부동산 투기는 국가적으로 혼미에 빠지게 하여 지난 세월 몇십 년은 투기와 혼돈의 과거였다. 모두가 허망한 꿈을 꾸게 한 세월이었다.

작으면서도 마냥 아름답고 순수하고 귀여운 것들에 눈을 돌려보자. 작은 것은 그만큼 앙증맞고 사랑스럽다. 동물 중에도 강아지 송아지 망아지 병아리, 순수의 극치인 아기를 보라. 작고 어린 것은 아름답고 순수하고 사랑스럽다. 서구화에 물든 우리는 큰 것만을 추구하는 현실에 잠시 작은 것, 물량이 적은 것에도 생각을 멈추어야 할 필요가 있다.

청빈을 사랑했던 우리의 조상 선비들은 안빈낙도라는 삶을 즐겼고, 관료들은 청백리를 사표로 삼고 멋을 즐겼다. 가난 속에서 오히려 즐거움을 찾았고 청빈으로 목민하는 자의 태도로 삼아 고결한 선비정신을 창출해 낸 것이다. 가난 속에서 오히려 낙을 찾으려는 선비들과 깨끗하고 정직한 삶을 사랑한 관료들이 있어 백성은 오히려 행복했는지 모른다.

작은 일에 보람을 찾은 프랑스의 조르주 고저의 이야기를 들어보자. 고저는 공화국 연합당의 원로요, 파리 고등사범 출신이며, 외교관을 거쳐 장관을 지내고, 오드센의 도지사를 거친 경력이 화려한 사람이다. 도지사로 있던 때에 고저는 볼로뉴 비앙쿠르시의 시장 출마를 위해 도지사 사표를 던졌다. 인구 1백40만의 도지사가 10만 인구의 시장을 선호한 순간이다. 그 후 20여 년 간 하원의원도 겸하면서 시장 일을 그렇게 보람 있어 하면서 항상 시장 당선을 하원의원 당선보다 자랑스럽게 피력했다고 한다. 그 뒤 76세의 나이에 시장 사표를 냈다고 한다.

시장 재임 중 최선을 다해서 옛 도시를 신도시로 탈바꿈 시키고 경제적으로 앞선 도시를 만든 그는 늘 보람을 느끼고 자부심을 가졌다고 한다. 그 중에도 불로뉴 숲의 녹색 공간과 맑은 공기는 시민들에게 고저의 고마움을 느끼게 하는 결정적 공간이었다.

큰 것만 바라지 않고 작은 것 혹은 적은 것에서도 보람을 찾고 청빈 속에서도 자족하며 목민하는 우리들의 선비 정신과 우리들의 고저는 어디 있는가.

# 치마

치마 하면 나는 누나를 생각한다. 우리는 흔히 '치마 입은 사람'으로 여자를 생각한다. 말하자면 여자 전용 품이며, 남자들이 범접할 수 없는 옷이다. 외국에는 더러 남자들이 치마 같은 옷을 입는 나라도 있지만 우리나라 남자는 평생에 한 번도 걸쳐보지 못하는 옷이다. 그래서 옛날 양반집 부녀의 열두 폭 치마며 새색시의 다홍치마, 우리 어머니의 행주치마같이 여자들이 입는 옷의 이름으로 여자만 생각나게 한다. 여기서 치맛바람이란 말이 나와서 여자의 설치는 행동을 대신하기도 했다. 옛날부터 한복에 치렁치렁한 긴치마를 땅에 끌듯이 입고 사뿐사뿐 걷는 자태는 한국 전통미인의 전형적인 모습이었다.

지금은 여성들이 남성의 세계를 하나하나 섭렵해 가는데 남정네들에게 아직도 금남의 옷으로 남은 것이 바로 치마다.

여인들은 남성의 전유물 같은 바지를 자연스럽게 자기들 것으로 만들어가고 있는데 남자들은 아직도 치마를 입지 못하는 것은 아이러니다.

남자보다 먼저 여자가 남자의 바지를 입을 수 있는 것은 아마도 여자들의 모험심에서 비롯된 일일 것이다. 여자들이 더욱 적극적인 세상이다. 변화를 좋아하고 자기를 카멜레온같이 변신하는 끼가 남자보다 뛰어나서 남자 세계를 정복해 가고 있다. 여자들은 집안에만 틀어박혀 지내다가 사회생활이 활발해지면서 편리한 남성의 바지를 애용하기 시작했다. 사회활동에는 아무래도 바지가 편리해서 밖으로 많이 나돌기 시작하면서 바지를 착용하기 시작했으리라 여겨진다. 부드러움과 곡선의 극치인 치마가 거추장스러워진 여성도 남성 못지않은 사회활동과 능력의 과시로 남성에 대한 시위로 치마를 과감히 벗어버리고 남성의 영역을 탈환한 느낌이다. 발끝에서 머리끝까지 여인네들은 남정네의 것을 침범 안 한 것이 없이 여성의 영역을 개척해가고 있는 셈이다.

그러나 한편으로 아쉬운 것은 아름다운 한복 치마의 자태를 자주 볼 수 없다는 것과 어머니의 자애와 사랑이 넘치도록 감싸주는 치마폭이 없다는 점이다. 요즘 현대식 생활한복이 세련되었다지만 왠지 옛것만 못하다는 마음을 떨칠 수가 없다. 어린 시절에 보아온 어머니와 누나의 한복 치마는 꾸밈없는 순수와 자애와 평안이었다. 우리 어머니들은 치마 속에다 온갖 인고와 슬픔과 사랑을 숨기고 살아온 분들이다.

어머니의 치맛자락을 잡으면 모든 것이 해결되던 어린 시절도 있었다. 치맛자락은 평화였고 모든 해결점이었다. 어머니의 품안이 더 포근한 것도 치맛자락의 감싸주는 따스함이 있어서 더욱 그러하다. 어머니의 치마는 우아한 열두 폭 치마는 아닐지라도 아들 사랑하는 마음도 부모 섬기는 효심도 다 그 치마 속에서 일기도 했다. 잔칫집에 간 어머니가 항상 자기 먹을 몫을 살며시 행주치마로 숨기고 가져와서는 할머니에게 드리는 아름다운 마음이 그 속에 있었다. 온갖 어려움도 치마로 감싸면서 가족을 건사하기에 바빴던 어머니였다.

또한 치마는 여인네들에게 좋은 면이 많았다. 치마에는 정밀의 신비가 있다. 평온하고 고요한 안식이 있다. 키가 작은 사람에게도 어울리고 키가 큰 사람에게도 어울린다. 온갖 잡된 것을 감싸는 치마에는 여자를 더욱 여자 되게 하는 미덕이 있다. 치마 속에서 곰실거리는 육체의 은근함이 더 매력이고 육감적이다. 내밀한 은근미가 더 여인답게 하는 신비가 있다. 양장이란 밖의 외출복이요 활동하는 데, 일하는 데 더 용이할지 모르나 한복 치마는 안방의 마나님들의 옷으로 적격이다. 치마는 흉터의 흉함도 못생긴 다리와 발도 온전히 아름답게 숨긴다. 감싸고 숨기고 품어주는 데 치마가 제격이다.

내 어릴 적 취학 전에 나는 동생과 잘 어울려 다녔다. 지금은 별나라로 가 버린 녀석이지만 한 살 터울의 동생으로 나보다 오히려 힘이 더 세고 놀이에는 내가 힘이 늘 부치는 놈이었다. 그 날도 재미있게 놀다가 서로 구루마를 더 타려고 다투다가 결국은 동생에게 밀리는 일이 벌어졌다. 그 순간 어찌나 분하였던지 그만 동생이 타고 있는 수레를 도랑으로 쳐 넣고는 얼른 집으로 와 버렸다. 아버지께는 혼이 날 것이 뻔하므로 어머니께로 가서 숨겨 달라고 애원했다. 어머니는 한참이나 지체하시더니 옳지, 이리 와 하고는 몰래 넓은 치마 속으로 나를 숨겨 주었다. 나는 안심이 되었다. 동생은 울며불며 나를 찾았다. 가슴이 조마조마했다. 동생의 칭얼거림이 이어지고 수틀을 앞에 한 누나들의 놀리는 소리가 났다. 결국은 누나가 나서서 동생을 데리고 나가 일이 잘 끝난 적이 있었다. 이때 비로소 어머니의 치마 속이 평안함을 알았다. 엄마의 치마는 나에게 큰 안식이었다. 그때는 엄마의 치마가 방패막이여서 지금도 어떤 일만 생기면 어머니의 품안이 생각난다. 어머님의 품은 안식이요 평안이다. 그 뒤 동생은 이 세상을 하직하고 나만 남아 동생을 생각할 때마다 치마 속의 평안도 잊히지 않고 생각난다. 더구나 누나도 어릴 적에 이미 동생과 같이 가 버린 지금, 그때의 사건을 잊을 수가 없다.

요즘은 직선이 판을 치는 세상이다. 직선이 마치 현대의 상징처럼 쭉 뻗은 고속도로 우뚝우뚝한 아파트 모두가 직선이 판을 치는 세상이 현대의 살벌한 풍경을 연출한다. 한복의 흐르는 선과 아름다움이 더 그리워지는 시대다. 더구나 추위가 몰아치는 한겨울에는 안온하고 정겨운 치마폭이 더 그리워진다.

어느 먼 곳의 그리운 소식이기에
이 한밤 소리 없이 흩날리느뇨.

처마 밑에 호롱불 야위어가며
서글픈 옛 자취인 양 흰 눈이 내려

하이얀 입김 절로 가슴이 메어
마음 허공에 등불을 켜고
내 홀로 밤 깊어 뜰에 내리면

머언 곳에 여인의 옷 벗는 소리.

희미한 눈발
이는 어느 잃어진 추억의 조각이기에
싸늘한 추회追悔 이리 가쁘게 설레이느뇨.

한 줄기 빛도 향기도 없이
호올로 차단한 의상을 하고
흰 눈은 내려 내려서 쌓여
내 슬픔 그 위에 고이 서리다.

김광균의 「설야」에서 눈 오는 포근한 밤을 여인의 옷 벗는 정취로 끌어들이고 있다.

# 형님의 빈자리

형님의 죽음을 앞두고 1년 여를 넘기면서 죽음을 많이 생각해 보았다. 형의 폐암 선고와 1년을 연명하기 어렵다던 의사의 선언 앞에 막막하게만 느껴졌다. 그로부터 1년 동안 온갖 노력과 간호에도 형님의 몸은 야위어만 가고 세월은 덧없이 흐르면서 목숨이 얼마나 귀하고 아픔이 얼마나 괴로운 통고인지를 깨닫게 하는 시간이었다. 건강을 잃으면 인생의 전부를 잃는다는 말이 절실하게 느껴지는 기간이었다.

나와 형은 부모·자식 관계였다. 열한 살에 아버지를 여의고 초등학교 5학년이던 형은 시골에서 예법상 학교 이전에 매일 아침 성묘를 가야만 했다. 학교 거리도 빛내라는 큰 고개 하나를 넘어야 하는 신작로길이지만 거리는 멀어서 가는 데만

이십 리는 될 법한 거리다. 몇 달이나 계속되는 매일의 성묫길은 초등학교를 그만둬야만 했다. 그로부터 농사일은 모두 어린 소년이 도맡아 했다. 쟁기질 지게질 온갖 일을 마다치 않고 해내는 장한 맏아들이었다. 초등학교를 다녀야 할 소년은 그렇게 농부가 되어 버렸다. 여섯 살인 나는 아버지의 존재도 느끼지 못하고 형 밑에서 자라야 했다. 나의 보호자는 의당 형이었다. 그래도 다행스럽게 형에게 기쁨을 주는 나였다. 초등학교부터 성적이 좋아서 형은 보람 있어 했고 중고등학교 다닐 적에는 새것으로 자전거를 마련해 주었다. 아버지가 안 계시니 더욱 좋은 것으로 사야 한다는 지론이다. 형의 이런 호의에 나는 대학까지 잘 마칠 수 있었다. 나는 늘 형의 그늘 아래서 벗어나지 못했다.

내가 직장을 얻고 나의 집을 마련하고 하면서 나보다 더 행복해하고 보람 있어 했다. 더구나 혼인을 하면서 내 아내를 며느리처럼 사랑하고 아끼는 마음 씀씀이가 틀림없는 아버지였다. 쌀이 떨어질까 걱정하며 병들어 누워서도 성한 나를 도리어 걱정하던 형이었다. 세상의 불의를 용납하지 않았고 세상과 타협을 싫어했다. 시골 사람 중에도 오히려 남산골 딸깍발이 같은 성정을 버리지 못하셨다. 불의로 욕되지 않으려고 불의를 멀리하셨다. 그래서 동네에 법 없이 살 수 있는 사람으로 회자되었다. 동생에게는 절대 지게를 지지 않게 하겠다면서 당신은 평생을 지게에서 벗어나지 못한 삶이었다.

이런 분이 몹쓸 병이 들어 죽음을 앞두고 하루가 얼마나 절망이었을까. 말기 암의 선고를 받고도 태연하려고 애쓴 모습은 차라리 숭고함이었다. 배 아픔만 없으면 다시 회생할 것 같다던 말씀이 나를 울린다. 암이 먼저 창자에 옮아서 복통을 일으키는 줄도 모르고 옆구리만 아프지 않으면 이제 다 나았다고 좋아하시던 것도 잠시였다. 통증만이라도 없이 가시도록 할 것을, 그렇게 아파하다가도 나와 마주 앉으면 먹으려 하고 태연한 척 웃던 형이 지금에 와선 모두가 동생을 위로하기 위함인 것을, 왜 그리도 일찍 깨우치지 못했을까. 형제간에 얼굴을 붉힌 적이 없으니 이웃들이 그리도 우애를 부러워하던 형제간이었다. 마지막까지 아픔을 참고 조금만 기분이 삽상하면 나가고자 해서 어린이날에는 당신의 조카와 청암사까지 다녀왔다. 사느라 바빠 가족 간에 나들이 한 번 못 했다. 형제라고 놀러 한 번 가 본 적 없는 형과 아우가 나들이를 한 것이다. 그러나 처음 나간 나들이가 마지막이 되었다.

형님, 당신이 없는 이 세상은 참으로 많이 변화되었습니다. 당신이 방패 되어 주던 지난날이 허물어지고 당신이 그늘 되어 주던 둔덕이 이렇게 큰 줄은 미처 깨닫지 못했습니다. 얼마나 어리석고 불쌍한 놈입니까. 방패 없는 세상에서 나는 그냥 세상일에 흔들리는 갈대입니다. 하소연할 곳도 의지할 곳도 없는 그래서 만신창이가 된 지금 어찌할 바를 모르고 서서 외롭게 방황하는 외기러기가 되었습니다.

형님이 안 계시는 동안 또 하나의 일이 일어났습니다. 큰집의 우환이 어머니가 계셔서 그렇다는 어느 몹쓸 점쟁이의 말을 믿고 형수님은 어머니를 지목하여 어머니는 큰집을 떠나서 우리 집에 거하셨습니다. 매일 아파트 한쪽 방에 앉으신 모습이 그리도 마음 저리게 했습니다. 모두가 형님의 빈자리가 가져온 아픔입니다.

어린 제 나래 꺾여
하늘 외려 푸른 설움
지게질 업을 삼고
밤을 우는 접동새요
부리 방
입에 물고
세월 앓는 소여라

피붙이 하나둘
앞뒤 뫼 가슴에 묻고
한보다 진한 아림
가슴으로 삼키다가
오호라
등창 박히어

삶을 앓고 누워라.

세파에 허기진 배
핏물보다 진한 상처
철 이른 나목은
삭다리로 내려앉아
훨훨훨
청산 좋아라
멍에 벗고 갔습니다.

— 졸시「형님」

| 발문 |

# 기도의 삶, 삶의 기도

— 이태옥 수필집 『장수나무』에 부쳐

장 호 병

| 수필가, 대구문인협회장 |

작가가 아무리 은밀하게 심적 나상을 풀어 놓아도 수필은 독자와 함께 세상을 보고, 독자와 함께 사유를 펼쳐나가기에, 독자는 작품구상에 직접 참여한 것처럼 느끼게 된다. 의미를 구성하거나 또는 재구성하는 매커니즘이 작용하기 때문이다. 의미 생산을 통하여 독자와의 교감을 이끌어낸다는 점은 수필의 매력이자 산문정신의 바탕이라 하겠다.

앞에서 말한 맥과 닿아 있는 수필집 『장수나무』를 상재하는 이태옥 사백께 우선 축하를 드린다. 본고에서는 작가의 작품을 바탕으로 그의 삶을 유추하여 보고자 한다.

수필이란 자의적 해석 때문이든, 금아 피천득의 「수필」과 이산 김광섭의 「수필문학소고」가 교과서에서 이 땅의 문인은 물론 대다수 국민들을 세뇌한 탓이든 '붓 가는 대로'는 시대가 바뀐 만큼 진의는 말 밖에서 찾아야 할 것이다.

최근 수필계는 '붓 가는 대로'에 대한 반론과 재해석을 둘러싸고 논란이 뜨거운 게 사실이다.

'난을 치는 데 법은 없다. 그러나 법이 없지는 않다[寫蘭有法不可 無法亦不可]'는 완당의 말처럼 수필 쓰기의 방법도 난 치는 법과 다르지 않을 것이다. 수필이 예술의 하위 범주인 문학에 속하고 보면 무작정 그 형식이 자유롭지만은 않다.

## □ 所向無敵 : 붓 가는 데로

수필은 작가 자신이 깨닫는 데서 출발한다. 체험으로부터 얻은 감동, 그것은 결국 작가의 작품세계와 맞닿아 있다.

삶은 기도이고, 글은 곧 기도문이다.

이 점에서 수필은 '붓 가는 대로'가 아니라, '붓 가는 데로'의 문학이다. 붓 가는 곳이 곧 작가의 기도이기 때문이다. 이태옥 사백의 수필은 사랑과 그리움으로 점철된 삶의 기도이자, 기도의 삶이라 해도 좋다.

흘러간 시간을 따듯한 시선으로 불러낸 작가의 묘사도 눈여겨볼 만하다. 인간미 넘치는 한 편의 다큐멘터리처럼 받아들여지는 것은 이태옥 사백의 수필이 삶에 근거를 두고 있는 점 외에도 등장인물들의 혼을 불러냈기 때문일 것이다. 작가는 허장성세를 멀리하는 진중한 성격으로 이 세상 아웃사이더일지도 모른다. 숲에서는 숲을 볼 수 없다. 오히려 삶을 바라보는 그의 방관자적 자세가 우리 삶을 더 진솔하게 진단하고 있다 하겠다.

> 네잎클로버도 마찬가지다. 세상이 노력만으로 안 되는 일도 허다하다. 그래서 운명도 생각하고 행운도 기원하는 것 아닌가. 나에게 네잎클로버는 누가 뭐라 해도 행운의 징표다. 네잎클로버는 상서로운 풀이요 우연이라기에는 나에게 너무 많은 것으로 믿음을 선사하였다. 프랑스의 나폴레옹에게는 죽음을 면하게 해서 행운이라고 한다지만 나에게도 그 이상의 좋은 일을 계시하는 풀이다.
>
> 우리 집 거실에는 예수님 초상화가 하나 걸려 있다. 세상의 온갖 고초를 다 겪은 예수님 초상에다 클로버를 테이프로 붙여 놓고 자주 옛날을 추억하는 공간을 만든다. 예수의 초상화에 행운의 네잎클로버를 하나하나 붙일 때마다 소망을 빌고 되리라는 마음으로 기원한다. 원근을 가리지 않고 국내외를 가리지 않고 네잎클로버가 있는 곳이면 장소와 시간을 초월하여 수집하는 중에 예수님 초상화가 온통 네잎클로버로 채워졌다.
>
> ―「행운의 클로버」 중에서

삶의 자세를 읽어낼 수 있는 대목이다. 내 인생의 예고편은 내가 쓴다. 한 편의 해몽에서도, 일상으로 접하는 숫자와의 조우에서도 작가는 긍정의 기운으로 앞일을 펼쳐본다. 세상사 또한 그 예고편대로 풀리어 나가고 있을 것이다. 이런 자세는 작가의 마음이 닿는 곳, 곧 세상사에 대한 기도와 다르지 않으며, 그의 붓이 가는 데가 곧 작품 세계이자, 독자들과 공감을 나누는 지점이 된다.

## □ 淡水之交 : 만남은 맛남

그런데 오늘은 낯선 처녀가 버스를 기다리고 서 있었다. 초면인 처녀에게 어떻게 용기가 생겼는지 나는 처녀를 자전거에 태웠다. 말만 한 처녀를 태우고 험한 자갈길을 다시 돌아 시내로 들어 왔다. 막상 호기를 부렸지만 내심 진땀이 났다. 그녀는 초등학교 선생님으로 첫 부임한 날 나를 만나서 인연이 되었던지 지금까지 같이 살면서 금슬을 맺었다. 험한 신작로 길에서 만난 선생님은 나와 시골 오솔길도 가시밭길도 마다치 않고 열심히 걷고 있다.

삶이란 곧 길을 간다는 뜻이요, 그래서 삶을 인생길이라 하지 않던가. 오늘도 내일도 끝없이 가는 인생길. 수많은 길 중에서 어느 길을 택하느냐에 따라서 삶을 좌우하는 것 같아서 길을 다시 생각하게 한다. 더구나 길은 뚜렷한 의지보다는 크로토 여신이 작용을 하는 것 같아서 더욱 알 수 없는 일로 치부된다. 크로토 여신이여 행운의 길로 인도하소서.

—「길」 중에서

삶은 만남의 연속이다. 그 만남이 다 인연을 만들지는 않는다. 길에서의 우연한 만남이 천생의 배필로 이어졌으니 이런 만남이야말로 맛남이다.

이태옥 사백의 작품집 『장수나무』에는 수필집으로서는 독특한 캐릭터의 인물들이 꽤 많이 등장한다. 흘러간 세월 속에서의 안타까움과 그리움을 읽을 수 있는 연유가 된다.

확성기가 없던 시절, 골목길을 누비면서 마을 사람들에게 공지사항을 외치고 다녔던 고지기는 하찮은 신분의 사람이다. 그는 불시에 밀주 조사를 나와 마을 사람들에게 횡포를 부리던 두 명의 세무서 조사원을 혼내주었는데 이후 정작 조사원들이 지레 겁을 먹고 마을에 나타나지 않은, 가슴 졸였지만 속이 후련한 이야기를 재현하였다. 민초들의 삶의 모습을 눈앞에서 보는 듯하다.

> 답답해서 견디다 못한 동네 어른과 구장이 세무서를 찾기로 했다. 슬며시 세무서에 정황을 알아보고 와서는 동네에 생기가 돌았다. 구장의 설명에 의하면 그 두 사람은 정식 세무서원도 아니고 더구나 세무서와는 상관없이 공갈 협박하며 사기를 치는 가짜 조사원이었던 것이다. 이 사건이 난 후로 이웃 동네에 소문이 났던지 밀주조사는 발걸음을 하지 않았다. 그렇게 잦던 밀주조사뿐 아니라 산림조합에서 도별 감시하는 산감山監조차 오지 않았다.
>
> 그 고지기와 시우 삼촌이 아니었더라면 온 동네가 곤욕을 한번 치를 뻔하였다. 두 사람의 의기가 동네를 평안하게 만들고 더 이상 괴롭힘은 없었다. 고지기는 동네를 위하여 마지막 봉사를 위해 목숨 건 선물을 주고 사라진 정의의 사나이가 되었다. 그 뒤부터 한참은 고지기의 이야기는 마을 사람들의 자자한 일화로 회자되었다. 그러나 세월따라 온 동네를 위해 희생한 숨은 이야기도 이제 한갓 서당골 골짜기로 흐르는 물과 같이 흘러가고 아무도 아는 이도 듣는 이도 없는 옛이야기가 되었다. — 「고지기」 중에서

친구의 사업장에 일을 도우러 갔던 공 씨. 화재현장에서 재빠르게 자기만 몸을 피한 사실을 안 그는 다시 불 속으로 뛰어들어 사람들을 구하려다 온몸에 치명적 화상을 입었다. 평소의 언행이 존경받지는 못했지만 타인의 목숨을 구하려 했던

그의 숭고한 정신과 용기는 어느 누구도 흉내 내기 어렵다. 누군가에 대하여 안다고 함부로 말할 수는 없으리라.

"너 임마 일찍 뒈져라! 그래야 네 초상 술 얻어먹지. 내가 마지막으로 남아 계금 정리하고 가야겠다. 야! X새끼들아 얼른 뒈져라. 네 마누라들은 내가 다 책임질게."

이런 말을 남기고 헤어진 지 이틀 만에 병원에서 만났다. 온몸이 화상으로 꼼짝도 못 하고 소리만 지른다. 이제는 알아듣지도 못하는 소리를 고래고래 질러댄다. 그렇게도 친구들에게 일찍 뒈지라고 악담을 하던 친구가 아이러니하게도 일주일 만에 고인이 되었다.

<…중략…> 나밖에 모르는 친구들에게 그는 마지막 가면서 희생을 보여주고 갔다. 공가는 공가다운 면모를 보여주고 장렬하게 세상을 떠났다. 남은 친구들에게 마지막 떡을 먹여 주고 그는 먼저 가버렸다.

—「공 서방」 중에서

한심회의 제일 명물은 아무래도 할마이(할머니)다. 중학교 시절부터 가진 별명이다. 할마이는 생기기를 합죽하게 생긴 데다가 말이 너무 빨라서 문제다. 성질이 급하고 과격해서 말을 좀 더듬는 편이다. 친구 중에도 가장 의리파여서 항상 좋은 일에 앞서고 친구를 위하는 일이라면 팔 걷고 나서는 열성파다.

<…중략…> 내 결혼 초에 둘이 다 직장에 나간 탓으로 집을 비운 사이에 이 악동 청년들이 방문을 했던가 보다. 안방으로 침투한 놈들이 안방을 아수라장으로 만들어 놓고 달아나 버렸다. 가구를 바꿔놓고 물건들은 거꾸로 서 있고 아무래도 이상해서 탐문을 했더니 하는 말이 가관이다. 손님으로 갔는데 대접을 잘 받아 다 비우고 왔다나. 비운 것까지는 좋지만 잉크병마저 거꾸로 세워 놓으니 이게 새어 나와 방바닥이

지도가 되었다. 성이 안 풀렸지만 K가 저금통 하나를 사 와서 머리 조아려 비는 바람에 용서는 해 주었다. 이런 괴짜 같은 놈들이다.

—「한심회」 중에서

50년을 넘긴 모임, 한심회. 한마음회라 하지 않은 것은 그만큼 낭만과 동심을 지켜가는 우정의 모임을 지향했음이리라. 산업화를 선도했지만, 각박한 삶으로 째째해지지 않을 수 없는 처음 세대이자 장난이 통했던 낭만과 동심을 지닌 마지막 세대이다. 단군 이래 최대의 풍요를 누리면서 세종대왕보다 더 호화로운 생활을 영위하지만 오늘의 우리는 마음 한쪽이 시린 것을 감출 수 없다.

십 년 인연의 애완견 쭈니에 대한 사랑도 각별하다. 헤어지는 아픔을 모르는 듯한 쭈니, '나만 아파하는 것이 다행'이라는 대목이 독자들의 심금을 울린다.

개는 일 년이 사람의 십 년과 맞먹는다는데 호호백발 쭈니가 얼마나 수를 할지 마음이 놓이질 않는다. 나와 같이 한 십 년이 인연이 다인 것으로 생각하고 다른 주인과 마지막을 잘 보내기를 빌어본다. 개와 다투고 그러면서도 좋다고 뛰면서 잠자리를 같이 하며 체온을 느끼던 쭈니는 이제 시집간 딸처럼 남의 식구가 되었다. 그래도 가끔씩은 못 할 짓을 한 쭈니한테 죄스러움을 어쩔 수 없다. 같이 한 시대를 향유하다가 가는 한 식구로 여겼다가 헤어지는 아픔을 쭈니는 모르는 듯하여 차라리 마음 놓였다. 나만 아파하는 것이 얼마나 다행인가.

—「이사와 쭈니」 중에서

나와 형은 부모·자식 관계였다. 열한 살에 아버지를 여의고 초등학교 5학년이던 형은 시골에서 예법상 학교 이전에 매일 아침 성묘를 가야만 했다. 학교 거리도 빛내라는 큰 고개 하나를 넘어야 하는 신작로 길이지만 거리는 멀어서 가는 데만 이십 리는 될 법한 거리다. 몇 달이나 계속되는 매일의 성묫길은 초등학교를 그만둬야만 했다. 그로부터 농사일은 모두 어린 소년이 도맡아 했다. 쟁기질 지게질 온갖 일을 마다치 않고 해내는 장한 맏아들이었다. 초등학교를 다녀야 할 소년은 그렇게 농부가 되어 버렸다.

<…중략…> 말기 암의 선고를 받고도 태연하려고 애쓴 모습은 차라리 숭고함이었다. 배 아픔만 없으면 다시 회생할 것 같다던 말씀이 나를 울린다. 암이 먼저 창자에 옮아서 복통을 일으키는 줄도 모르고 옆구리만 아프지 않으면 이제 다 나았다고 좋아하시던 것도 잠시였다. 통증만이라도 없이 가시도록 할 것을, 그렇게 아파하다가도 나와 마주 앉으면 먹으려 하고 태연한 척 웃던 형이 지금에 와선 모두가 동생을 위로하기 위함인 것을, 왜 그리도 일찍 깨우치지 못했을까.

—「형님의 빈자리」 중에서

이 세상 누군가에게 빚지지 않은 삶이 어디 있으랴. 이 사백은 여섯 살에 아버지를 여의고, 동생을 위해 한평생을 지게질로 살다간 형에게 빚지고 살았음을 고백한다. 자신의 짐도 만만치 않았을 형님이 동생의 짐까지 지는 희생. 나이 차는 얼마 아니지만 아비와 자식 같은 상경하애上敬下愛의 우애는 후세인들에게도 귀감이 될 것이다.

자기 짐이 가볍고 없어서 남의 짐을 지려는 사람이 아니다. 조금은 역설이지만 자기 짐도 무거운 사람이 오히려 남의 짐도 져 주는 일이 허다하다. 이들이 진정 사회의 소금이요 등불이다. 과부 사정 홀아비가 안다는 말이다. 이웃을 위하는 사랑이 봉사라면 인류를 위하는 희생이 성자의 정신이다. 이런 사람에게는 남의 짐이 무거울 리 없고 흔쾌한 마음과 보람으로 여겨서 결국은 성인으로 승화되는 아름다움이 있다. 세상이 살맛나는 곳으로 되려면, 나의 짐도 사는 과정으로 즐거이 질 일이요, 남의 짐도 나의 살아가는 보람으로 여기는 마음이 함께 어울려야 가능하다.

—「짐」 중에서

## □ 一以貫之

말없이 사라지는 것이 인정으로야 야속하고 외로운 두려움이지만 한편으로는 대단히 자연스럽고 위대한 신의 섭리가 그 가운데서 공정하고 공평한 판단으로 이루어지고 있다는 사실에 숙연해지지 않을 수 없다. 이 이치에 어긋남이 있다면 이것은 인류의 배반자가 되고 말 것이다. 그래서 우리는 조용히 외로워도 말없이 사라져 가는 것이다. 조용히 사그라드는 것은 위대한 자연이 우리에게 준 선물이다. 간다고 너무 슬퍼할 일도 아니고 남는다고 너무 안도할 일도 아니다. 조용히 사라지고 소리 없이 가는 일도 자연의 거룩한 순리가 그 속에 숨어 있다는 것을 깨달을 때 죽음도 하늘에서 준 하나의 위안이요 선물임을 다시 한번 깨닫게 한다.

—「사라지는 것들에 대한 위안」 중에서

작가는 '사그라드는 것은 위대한 자연의 선물'이라 갈파한다. 달도 차면 기울 듯이 이 세상 피조물은 그 숙명을 거역할 수는 없다. 어떻게 받아들이는 것이 아름다우냐는 각자의 그릇 크기와 믿음에 달려 있다. 자연의 섭리라는 사실에 주목한다면 결코 인생무상이 아니라 종결점인 인생완성이 된다. 사돈의 죽음 또한 그러한 맥락일 것이다.

"와 주셔서 감사합니다"를 시작으로 누워서도 조금도 삐뚤어짐 없이 정확하게 연필을 놓지 않으셨다.

"내 모습이 평소 때와 다릅니까" "아닙니다. 평소와 전혀 다름이 없습니다" "고맙습니다. 이게 제 마음입니다. 내 마음이 천국의 소망으로 가득합니다. 다만 마지막 부탁은 우리 성일이와 며느리 잘 도와주세요."라고 하시면서 둘러선 문병객에게 일일이 노트에 인사를 다 하시고는 찬송가 237장 저 건너편 강 언덕에를 불러주기를 청하여 모두 제창하였다. —「행복한 죽음」 중에서

너무 조숙한 사랑이 남긴 상처는 쓰리었다. 설레는 마음은 아직도 그대로인데 아스라이 그리움만 남기고 그는 철새처럼 훌훌 날아가 버렸다.

연전에 어느 상갓집에서 그와 의남매 맺은 형을 만났다. 그 형은 내 친구의 친형이었다. 안부를 묻고 그의 행방도 알고 싶었지만 그만두기로 했다. 알면 뭐하며 알아서 무엇하리 하는 체념과 이순 중반에 만나면 오히려 첫사랑의 환상이 깨어질까 하는 두려움이 앞섰다.

그는 지금쯤 이순 중반의 할머니가 되어 옛날을 회억하며 사는지도 모르겠다. 가끔은 생각도 나지만 그리움만으로 간직하고 싶다. 오히려 첫사랑의 단발머리 여학생 그대로만 간직하고 싶다.

첫사랑은 애만 태우고 그리움만 남기고 떠나는 철새이다. 이별이 없으면, 아픔이 없으면 누가 첫사랑을 그리워하고 더 애태우리.

—「풋사랑」 중에서

만나서 훌훌 털어버리는 사랑과 그리워하면서 애태우는 가

슴속의 사랑. 어느 사랑이 더 숭고하고 무거운지 저울질로 가늠할 수는 없다. 삶이 계량적으로 파악되지는 않는다. 오늘에 안주하고 손에 닿는 것만 현재로 받아들일 것인가, 영원으로 향할 것인가는 자신의 깜냥에 달린 문제임을 말하고 있다.

캄캄한 밤일수록 별은 더욱 반짝인다. 어두울수록 더 빛을 발하는 별에서 우리는 소망을 배운다. 어려움에 처한 인간이 어찌할 바를 모르는 그때 하늘을 우러러 절규하고 하소연하고 그러다 깊은 상념 속에서 나를 발견하면 나 자신이 하나의 별이 되고 별이 또한 나와 동행하는 시간이 된다. 이때 별이 친구가 되고 애인이 되어 나도 별이고 별도 내가 되는 일심동체의 영원의 속으로 자연으로 승화되는 나를 발견할지도 모른다. —「영원의 세월이 흐르는 별」 중에서

## □ 上善若水

사람들이 아버지 이야기를 할 때마다 동네를 지키며 내려다보고 있는 소나무를 생각했다. 왜 나는 소나무를 아버지같이 여겨 왔는지를 알 수가 없다. 장수나무는 항상 푸르게 서 있고 우리 아버지는 일찍 돌아가셨음에도 내가 왜 자꾸만 동일시하는지 이유를 모를 일이다. 즐거울 때나 괴로울 때나 희로애락을 나누며 그렇게 세상사를 공유하며 살아온 것이 이상하기만 하다.

<……>온갖 동네의 내력을 다 품에 품고 오늘도 묵묵히 서 있는 장수나무는 흘러간 세월도 다가올 시간도 초월한 듯이 그렇게 서서 나를 맞이해 주고 있다. 사람마다 모두가 할 말들이 다르겠지만 나는 이 소나무가 고향에 남은 터줏대감으로 마음속에 살아 있는 마을의 지킴이로 여겨진다.

> <……>초연히 서 있는 나무 위로는 오늘도 흰 구름이 흐르고 바람도 휘저어 오고 산새들이 끊임없이 와서 지저귄다. 장수나무는 그래서 더욱 살아 있는 사람같이 신비하게 보인다. 작은 일도 큰일도 동네의 온갖 일화도 다 숨기고 동네의 희비애락을 다 떠안고 말없이 다 안고 떠나가신 아버지의 모습만 어린다. —「장수나무」 중에서

유년시절 집 곁 동산의 소나무는 흰 두루마기 차림 청운의 아버지로, 형님이 돌아가신 후로는 형님으로 여겨지던 장수나무이다. 그 동일시가 어느 날 문득 이 사백 자신에게로 다가올 것을, 이미 다가왔을지도 모른다는 것을 예감한다. 세상 내력을 다 품고도 묵묵히 서 있는 군자로 살아가겠다는 의지가 담겨있는 작품이다.

> 현대인들은 바쁘다는 핑계로 뒤곁마저 잊고 산다. 지금의 아파트란 아예 성냥갑 같아서 담이니 뒤안이니 마당도 없다. 앞만 보고 뒤는 별 의미와 가치도 없다. 현실적이고 실리적인 현대인의 뒤안은 한갓 과거요 무가치한 공간일 뿐이다. 앞만 화려하고 보이는 것만 추구하는 실리가 뒤안을 몰아내고 있다. 은은한 미보다는 화끈한 것을 선호하는 현대 문명이 그대로 반영된 집이다. 없는 것도 드러내기 좋아하는 의식이 앞에만 번지르르한 집을 만들고 겉치레만 번듯한 집을 만들었다.
>
> 우리 조상들이 뒷마당을 두고 공간을 이용하도록 한 것은 마음의 여유요 풍유를 사랑한 멋에서 나온 것이다. —「뒤안」 중에서

여백이 없어진 공간과 삶, 이웃은 안중에도 없다. 적응과 친화란 사전에나 나오는 낱말이 되어버렸다. "물이 어디를 가도

어울리듯이 세상 사람과 어울리고 적응해야 인간미가 있고 사는 의미가 있다. 흘러 바닷물이 될 때까지 어떤 시련도 희로애락도 다 견뎌가는 물과 같이 인생도 그렇게 흘러가"(「물처럼 사는 지혜」 중에서)야 하는데 세상이 그렇지만은 않다.

> '이제 돌아보니 역시 나는 바보같이 살았구나' 하는 사건이 있었다. 정년을 하고 제일 먼저 반응을 보인 곳이 은행이었다. 말없이 돈을 잘 빌려주던 은행에서 어느 날 퇴직을 했으니 이제 마이너스 통장도 회수하고 빌린 돈도 다 갚으라는 고지서가 날아들었다. 목돈을 마련하지 못한 처지에 난감했다. 그래도 아직 아내가 직에 있으니 다행이라면 다행이었다. 갑자기 당하는 푸대접에 섭섭하기가 이를 데 없었다. 재산이 축적되었다면 당하지 않아도 될 수 있는 일이라 은행에서 처음 당하는 기분이 묘했다.
>
> <……> 현실을 외면하고 살아온 결과는 군자도 아니고 청빈도 아님을 스스로 생각하게 한다. 거기다 자식들의 인생이 순전히 자기 노력으로 살아야 하는 힘겨운 싸움이 될 것 같아서 안쓰럽다. 자손들에게 대대로 가난을 세습하는 못난 아버지로 비칠 때 그래도 나는 큰소리칠 수 있을까 하는 의구심이 있다. 어느 정도 남기고 가는 것도 우리 사회에서는 아버지의 의무인 것 같아서, 때 늦게 이제야 마음만 쓰일 뿐이다.
>
> —「한 평 땅」 중에서

희박한 경제관념, 무능한 삶임에도 자신이 살아가고 있는 모습이 남들 눈에는 알부자처럼 여겨지는 게 작가는 그나마 다행이라 여긴다. '장수나무'를 닮으려는 군자의 마음가짐 때문일 것이다.

예부터 벽오동 심은 뜻은 봉황을 보려 했다는 말이 있다. "저절로 찾아온 오동이 화분에 가득하니 어찌 서기가 넘치지 않으랴. 경이驚異로 찾아 든 빈객을 정중하고 즐거운 마음으로 맞으며 한편으로 이 오동이 조금 더 자라면 어떻게 하나 걱정이 앞선다. …… 올해는 좋은 일이 알사탕처럼 주렁주렁 했으면 좋겠다. 그리고 오동나무도 하늘 높이 치솟아 봉황새도 날아들 날을 기대해 본다."(「오동나무」 중에서)로 이태옥 사백의 붓이 갔다. 삶은 기도요, 한 편의 수필은 기도문이다.

이 사백의 『장수나무』가 많은 독자에게 훨훨 날아가기를 바라며 어쭙잖은 필을 거둔다. (終)